AF645089

Mehr zu diesem Buch, dem Thema und den AutorInnen auf www.wie-kinder-lesen.de.

CARLSEN-Newsletter
Tolle neue Lesetipps kostenlos per E-Mail
www.carlsen.de

© 2020 by Carlsen Verlag GmbH, 22703 Hamburg
Alle deutschen Rechte vorbehalten

Illustrationen: Regina Kehn / Lektorat: Silvia Bartholl, Frank Kühne
Gestaltung und Herstellung: Gunta Lauck / Lithografie: Margit Dittes, Hamburg
ISBN: 978-3-551-25267-8

Carlsen-Bücher gibt es überall im Buchhandel oder auf carlsen.de

NICOLA BARDOLA, STEFAN HAUCK,
MLADEN JANDRLIC, ALEXANDRA RAK,
CHRISTOPH SCHÄFER UND RALF SCHWEIKART

Wie Kinder Bücher lesen

Mehr als ein Wegweiser

ILLUSTRIERT VON REGINA KEHN

CARLSEN

INHALTSVERZEICHNIS

KAPITEL 1

Lesen als Abenteuer

Die Kunst der eigenen Geschwindigkeit

Lesen ist ein Abenteuer. Wer sich die Welt erliest, erlebt sie als eine Fülle von Möglichkeiten. Das ist faszinierend, bereichernd, aufregend, mitunter aber auch anstrengend – wie jedes Abenteuer, das diesen Namen verdient.

Lesen ist Pendeln zwischen Kontrolle und Kontrollverlust. Kinder tauchen in ein fremdes Erlebnis ein und machen es lesend zu ihrem eigenen. Das Kind folgt einer Figur, empfindet wie sie Angst

oder Freude, erfährt Enttäuschung oder Genugtuung, fühlt sich verstanden oder zurückgewiesen. Und die ganze Zeit hat das Kind es, so sollte man meinen, in der Hand, das Buch zuzuklappen, die Geschichte und ihre Helden, Heldinnen und Bösewichte zwischen den Seiten einzusperren und sich nicht mehr um sie zu kümmern. Oder ist es doch anders? Kommen Heldinnen und Helden und auch die Bösewichte nicht oft mit, folgen einem durch den Tag, machen das Vertraute fremd und das Fremde spannend?

Lesen ist positiv: Wer liest, ist immer bei sich und doch niemals allein. Diese Erfahrung ist wertvoll. Besonders spannend ist sie aber, wenn man sich in einem Alter zwischen »noch klein« und »schon groß« befindet, im Schwebezustand zwischen Kind und Jugendlichem, wenn die Welt einem zu eng und gleichzeitig bedrohlich weiträumig erscheint.

Lesen macht das Leben in dieser schwierigen Zeit nicht einfacher. Aber es hilft, das Komplizierte anzunehmen und es in den Griff zu kriegen.

Wer bestimmt, wie intensiv wir lesen?

Um das zu erreichen, um so weit zu kommen, braucht es einiges an Anstrengung. »Lesen ist nicht natürlich. Für gesprochene Sprache sind wir genetisch programmiert, aber es gibt kein Lese-Gen in unserem Körper«, sagt die Leseforscherin Maryanne Wolf in einem Interview in *NZZ Folio*.* »Man kann ein Kind überallhin stecken, wo gesprochen wird, und es wird die Sprache lernen. Für Schrift dagegen braucht man einen ganz anderen Schaltkreis.« Selbst Goethe soll gesagt haben, er habe 80 Jahre gebraucht, um richtig lesen zu lernen. Das ist eine Weile her. Inzwischen ist die Sache komplizierter geworden, denn seither sind neue Medien hinzugekommen. Man liest nicht nur Gedrucktes, sondern auch Digitales, man blättert oder man wischt. Das Medium beeinflusst das Tempo, die Intensität, ja das Erlebnis selbst. Geschwindigkeit ist heute alles, im Leben und beim (digitalen) Lesen. Laut Maryanne Wolf liegt unsere durchschnittliche Aufmerksamkeitsspanne bei 5 Minuten. Vor zehn Jahren seien es noch 10 Minuten gewesen, erläutert die Leseforscherin. Diese Entwicklung ist dramatisch. Das erhöhte Tempo führt zu Oberflächlichkeit. Anstatt in die Tiefe zu gehen und uns gründlich zu informieren, geben wir uns mit Häppchen zufrieden. Wir bleiben lieber in unserer Filterblase, als uns mit anderen Ansichten auseinanderzusetzen.

Was nottut, ist der Mut zur Entschleunigung und die Erkenntnis, dass wir es – wortwörtlich – in unserer Hand haben, die Geschwindigkeit zu bestimmen, mit der wir fremde Erlebnisse in unsere eigene Welt integrieren. Und mit der wir uns Wissen, Lebens- und Leseerfahrung

* Quellenangaben auf Seite 206

aneignen. Die Geschichten mögen schnell oder langsam sein, hektisch oder entspannt – wir bestimmen, wie intensiv wir diese Hektik oder Ruhe *erleben* wollen. Diese Möglichkeit, unser Erleben selbst zu steuern, sollten wir uns nicht nehmen lassen.

Das gilt vor allem für die Kinder, die ohnehin Mühe mit dem Erleben der Welt um sich herum haben: die Kinder, die sich zwischen den Polen Kindheit und Jugend bewegen und denen das Lesen im richtigen Tempo und voller Hingabe eine Hilfe sein kann, ihren Platz in der Welt zu finden. Denn Lesen sollte nicht eine Flucht, sondern ein Heimkommen sein.

»EINFACH MAL LOSLASSEN«
KINDERZITATE ZUM THEMA LESEN

Sie sind zehn bis zwölf Jahre alt. Und sie stehen praktisch alle dem Thema »Lesen« erst einmal verblüffend positiv gegenüber: Kinder einer ganz normalen sechsten Klassenstufe einer weiterführenden Schule irgendwo in Deutschland. Viele von ihnen geraten richtig ins Schwärmen, wenn sie von schönen Lesemomenten erzählen dürfen. Fragt man sie aber konkret nach dem Leselern-Alltag, wird auch der Zwang beklagt, vorgegebene Bücher lesen zu müssen – und immer wieder wird die Sehnsucht nach mehr Freiheit beim Lesenlernen spürbar.
Die Aussagen sind exemplarisch: So denken viele Kinder über das Lesen – wenn man nachfragt und Zeit zum Zuhören hat.

Lesen macht Spaß, wenn ich mich in das Geschehen im Buch wirklich reinversetzen kann.

NIKLAS

Wenn ein Buch richtig toll ist, lese ich auch gerne. Sonst nicht.

CHRISTINA

Lesen heißt: einfach mal loslassen.

SALMEN

Für mich bedeutet Lesen: alle Sorgen und Ängste vergessen und in eine andere Welt eintauchen.

YASMINE

Beim Lesen kann ich mich entspannen und hab einfach mal Zeit für mich.

DENIZ

Beim Lesen kann man die schönsten Erlebnisse haben. So schön, dass man sie wahrscheinlich in echt gar nicht erleben kann.

PAULA

Uns Kinder kann man zum Lesen bringen, indem wir verschiedene Arten von Büchern anschauen können. Auch E-Books.

LEON

In meiner Lesewelt fühlt sich alles echt an, obwohl es nicht existiert.

ELENA

Wenn man Kindern das Buch zu ihrem Lieblingsfilm gibt, bekommen sie vielleicht Interesse, es zu lesen.

JAN

Lesen bedeutet für mich: einfach mal die Stille genießen.

MARIE

Jüngeren Kindern würde ich lustige Bücher empfehlen: Die machen immer am meisten Spaß.

ABDULLAH

Für mich ist Lesen meistens wie Spielen. Denn es gibt in Büchern viele Dinge, die im normalen Leben nicht vorhanden sind.

CAROLINE

Wenn ich aufhören kann, wann ich will, und so schnell lesen kann, wie ich will, dann lese ich auch gerne.

NIKO

Mein Tipp: Wenn man viel liest, erscheint einem ein neues Buch gleich viel spannender.

JAMILA

Man kann uns Kinder in der Schule zwar zum Lesen zwingen, aber dann verbindet man nur schlechte Sachen mit dem Lesen und mag es dann nicht.

SARA

KAPITEL 2

»Fürs Lesen bleibt keine Zeit«

Die Lebenssituation der Acht- bis Zwölfjährigen

Der Wecker auf dem Smartphone klingelt: halb sieben. Müde reibt sich Sven die Augen. Hilft nichts, aufstehen. Auf dem Weg ins Bad checkt er im Klassen-Chat auf WhatsApp, ob die erste Stunde ausfällt. Nein, ein ganz normaler Schultag heute. Bevor Sven beim Müsli die Augen beinahe wieder zufallen, halten ihn die neuesten Videos und Storys auf Instagram wach. Schnell Zähne putzen, anziehen, Schulrucksack schnappen, sonst verpasst er noch den Bus.

Conny und Max warten schon auf ihn. Die drei besten Videos von heute Morgen muss er ihnen noch zeigen, bevor er sein Smartphone auf »lautlos« stellt. Handys sind in seiner Schule verboten. Also, das Benutzen, nicht das Mitbringen. Seinen Freunden in der ersten großen Pause die Videos zu zeigen ist ein bisschen gefährlich. Muss aber sein.

Am Nachmittag hat Sven Gitarrenunterricht. Deshalb holt er sich mittags an der Imbissbude eine Currywurst mit Pommes. Beim Essen sieht er sich die spektakulären Dunks vom nächtlichen NBA-Spieltag an. Jetzt schnell noch mal die Griffe für das Übungsstück im Tutorial-Video auf YouTube nachschauen, das die Gitarrenlehrerin extra für ihn aufgenommen hat.

Nach der Musikstunde spielt Sven auf dem Heimweg ein paar kleine Mobile Games zur Entspannung. Dann zu Hause, puh … als Erstes das Ladekabel anschließen, denn für die Mathe-Hausaufgaben braucht Sven sein Smartphone als Taschenrechner, und für Gemeinschaftskunde googelt er ein paar ihm unbekannte Begriffe und schaut bei Wikipedia nach. Dann endlich: Freizeit! Sven gähnt und überlegt: Eine Folge der angesagten Netflix-Serie schauen? Oder doch *Fortnite* zocken?

So wie Sven verbringen viele Kinder ihren Alltag. 81,7 Prozent aller Zehn- bis 13-Jährigen

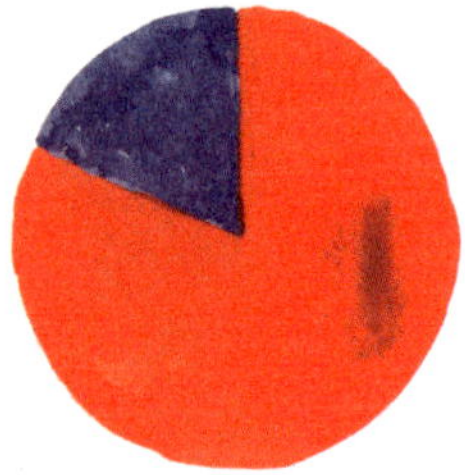

81,7 %
aller 10 – 13-Jährigen besitzen ein Handy oder Smartphone

in Deutschland besitzen laut der jüngsten Kinder-Medien-Studie 2019 (KIM-Studie)* ein Smartphone oder Handy. Es ist Kommunikationsmittel, Unterhaltungskanal, Minispielkonsole, Bildschirm und Informationsmedium – eine Dockingstation zur Außenwelt. Wischen, tippen, klicken: Um Handys zu handhaben, sind keine komplizierten Eingaben mehr erforderlich. Und mit sogenannten »Voice User Interfaces« wie Siri, Cortana, Google Assistant und Alexa reicht als Steuerung allein die Sprache – Lesen und Schreiben sind nur noch bedingt nötig.

Wie Kinder ihre Freizeit nutzen

Die großen Vorbilder für Kinder stammen nicht mehr aus Jugendzeitschriften oder dem Fernsehen. Stattdessen sind YouTuber und TikTok-Promis in ihrer Rolle als Influencer wichtige Begleiter und wirken wie eine mediale Peergroup. An deren Leben nehmen Kinder über das Internet teil, weil sie ihnen ein Gefühl von persönlicher Nähe vermitteln. Altersschranken für die Nutzer? Gibt es zwar, bei TikTok und Plattformen wie Facebook, Instagram oder Snapchat darf man sich offiziell ab 13 Jahren anmelden, bei YouTube und WhatsApp erst ab 16. Aber wirklich überprüft werden die angegebenen Daten bei der Anmeldung in der Regel nicht. Ein Leichtes also für clevere Kids, diese Vorgaben zu umgehen. Laut KIM-Studie 2018* ist WhatsApp die bei Kindern beliebteste App, und sie wird im Tagesverlauf kontinuierlich genutzt.

Und Lesen? Findet laut KIM-Studie 2018* immer noch und immer wieder statt. Auf dem kleinen Bildschirm, ohne dass Kinder selbst dies als Lesen bezeichnen würden. Nachrichten bekommen und verschicken ist Routine: 17 Prozent der Sechs- bis Siebenjährigen, 36 Prozent der Acht- bis Neunjährigen, 73 Prozent der Zehn- bis Elfjährigen und 83 Prozent der Zwölf- bis 13-Jährigen sind regelmäßige WhatsApp-Nutzer, Tendenz steigend. Sie sind souverän auf Social-Media-Kanälen unterwegs, lesen Kommentare, entschlüsseln jede Form von Emojis, schicken sich Sprachnachrichten, nutzen WhatsApp-Gruppen als Klassenchat in der Schule oder in Vereinen. Und lesen in Büchern. Weil sie sie für die Schule lesen müssen. Aber auch, weil viele in ihrer

REGELMÄSSIGE WHATSAPP-NUTZER

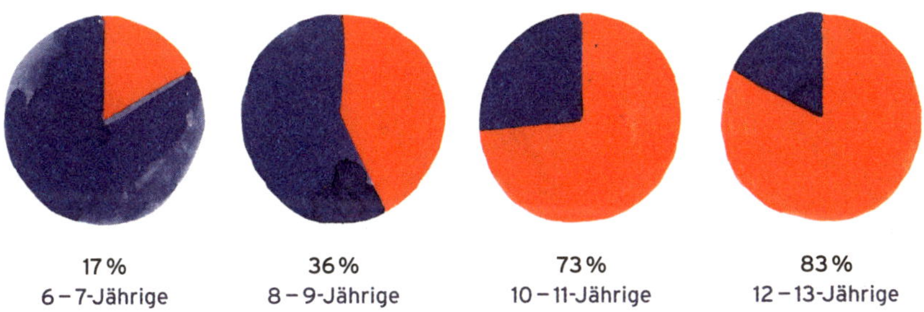

Freizeit lesen wollen. Nach der jüngsten KIM-Studie lesen immerhin 51 Prozent der Sechs- bis 13-Jährigen in ihrer Freizeit täglich oder ein- bis mehrmals in der Woche in Büchern. Trotz aller Reize anderer Medien hält der Spaß am Lesen von Büchern unvermindert an, bei

FREIZEIT-AKTIVITÄTEN

Erster Prozent-Wert: jeden / fast jeden Tag | Zweiter Prozent-Wert: ein- / mehrmals pro Woche
Quelle: KIM-Studie 2018

Brett-/Kartenspiele
3% | 33%

Fotos / Videos machen
11% | 28%

Jugendgruppe
3% | 28%

Zeitschrift lesen
2% | 20%

Hörspiele hören
8% | 18%

Tablet nutzen
8% | 18%

In die Bücherei gehen
2% | 9%

Musizieren
5% | 15%

LESEN BEI JUGENDLICHEN

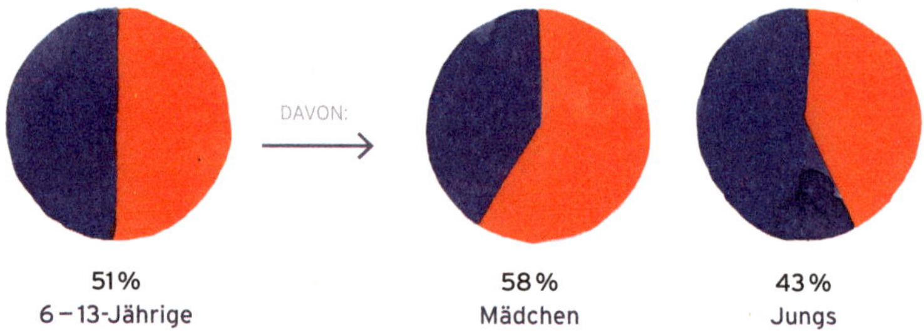

Mädchen (58 Prozent) schon immer mehr als bei Jungs (43 Prozent). Die digitale Welt hat also noch nicht alle Lebensbereiche durchdrungen, auch wenn es »enhanced«, also multimedial angereicherte E-Books für Tablets gibt und eine App wie »Hooked« die Form von Chatverläufen nutzt, um Mystery- und Horrorgeschichten zu erzählen. Es sind viele »klassische« Tätigkeiten, die einen großen Teil des Tages einnehmen.

Fragmentierter Alltag

In den vergangenen Jahren haben sich die Befunde übers Lesen nicht grundlegend verändert. Nur machen eben die Hindernisse des beschleunigten Alltags auch vor dem in sich gekehrten, vertieften Lesen nicht halt. Zwar gelten Bücher »nach wie vor als bedeutsam für Bildung und Schulerfolg«, heißt es in der KIM-Studie – aber die Vorbildfunktion füllen Eltern selten aus. Wenn wir gefragt werden: »Mein Kind

liest gar nicht, was kann ich denn da tun?«, lautet unsere Gegenfrage oft: »Wann sieht Ihr Kind *Sie* lesen?« Denn wie soll das Gefühl des Zeit und Raum vergessenden Eintauchens in eine Geschichte vermittelt werden, wenn ein Kind seine Eltern nie selbst in Ruhe lesen sieht?

Die Beobachtungen, wie sich Kinder ihren digitalen Geräten widmen und sich im Anschluss zu den sie umgebenden Personen verhalten, sind aufschlussreich: Als »permanent geteilte Aufmerksamkeit« beschreiben Forscher diese Situationen. Das permanente »On«-Sein – immer im Bereitschaftsmodus für Neues – erzeugt eine innere Unruhe, die im hektischen Alltag verhindert, dass Menschen sich die Zeit zum Lesen nehmen. Das war eines der Ergebnisse der Studie *Buchkäufer – quo vadis?* des Börsenvereins des Deutschen Buchhandels 2018.* 88 Mal am Tag unterbrechen nach einer Studie der Universität Bonn Smartphone-Nutzer in Deutschland das, was sie gerade tun, um zu ihrem Gerät zu greifen.

»Nur noch schnell die Wäsche aufhängen und meiner Tante zum Geburtstag gratulieren, ach, und die Stromrechnung überweisen, ist eigentlich was passiert? Schnell die Nachrichten, dazu ein bisschen Twitter, und wenn ich dann erst die Kinder zum Fußball gebracht und fürs Wochenende eingekauft habe – so verschiebt sich der Moment, der ganz dem guten Buch gewidmet wäre, in unbestimmte Zukunft«, beschrieb Marie Schmidt im März 2019 in der *Süddeutschen Zeitung** diese Alltagserfahrung. Oder aber sie liest vor dem Einschlafen, womit das Buch zum Gute-Nacht-Lektüre-Häppchen wird. Wenn es den Erwachsenen schon so geht – sieht es dann bei den Kindern so viel anders aus? Zumal Kinder für Ablenkungen noch offener sind. Professor Lutz Jäncke, Neuropsychologe an der Universität Zürich, erzählt in einem Interview*, wie er bei einer Recherche im Internet nach einiger Zeit ganz woanders gelandet und ihm die Selbstkontrolle abhandengekommen sei. »Bei Kindern sind solche Phänomene noch viel ausgeprägter, denn der Frontalkortex, der in diese Kontrollprozesse eingebunden ist, ist im Kindes- und Jugendalter noch nicht voll ausgereift. Erst mit zunehmendem Alter wird er immer differenzierter und vor allem vernetzter.« Jene neuronalen Netzwerke seien jedoch in die Kontrolle von wichtigen Funktionen wie Aufmerksamkeit, Planung, Emotionskontrolle, Motivation und komplexe Sprachprozesse eingebunden.

Das Smartphone ist das ideale Instrument, um sich treiben zu lassen. 80 Prozent der Zehn- bis 14-Jährigen surfen täglich oder mehrmals die Woche im Internet und suchen nach Themen, die sie interessieren. Mehr als 60 Prozent schauen täglich oder mehrmals die Woche

YouTube-Videos an; 65 Prozent spielen täglich oder mehrmals die Woche auf dem Smartphone, Computer oder Tablet. Unterm Strich kommt da einiges zusammen: 10,3 Stunden täglich nutzen die Zehn- bis 14-Jährigen die modernen Medien an Wochentagen, vom Radio bis zum Smartphone, an Wochenenden sogar zwölf Stunden. Das ist, stellvertretend für eine Reihe ähnlicher Untersuchungen, das Ergebnis einer Studie mit 391 Jugendlichen in Tirol.*

SMARTPHONE BEI 10- BIS 14-JÄHRIGEN

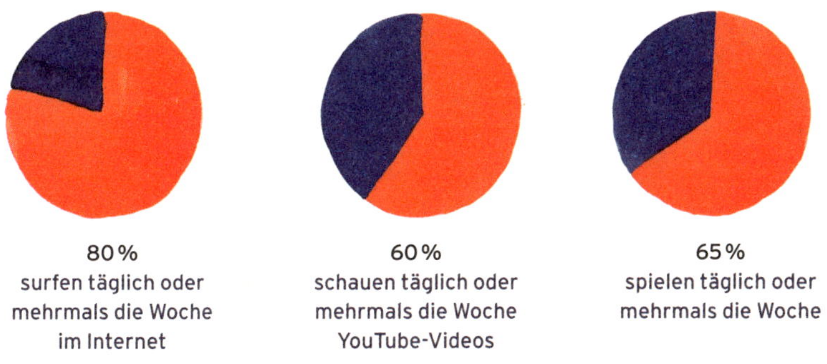

Aber nicht die Geräte an sich sind Teufelszeug – es kommt darauf an, was man mit ihnen macht. Medienkompetenz zu vermitteln, statt Verbote auszusprechen, ist Aufgabe von Schule und Elternhaus. Smartphones und Tablets in die Leseerziehung mit einzubeziehen ist eine andere. Dafür werden aktuell Ansätze und Konzepte erarbeitet, die in der Praxis erprobt und wissenschaftlich begleitet werden müssen. Denn über allem steht die Bedeutung der Lesefähigkeit an sich, an der auch die Anforderungen der digitalen Gesellschaft nichts ändern.

»Lesen gefährdet die Dummheit«

Die jüngste IGLU-Studie von 2016* hat erschreckende Zahlen ermittelt: Rund 19 Prozent der Viertklässler in Deutschland können zwar einen Text irgendwie vorlesen – aber sie können nicht sagen, was sie da gerade gelesen haben oder worum es in dem Text ging. Sie erkennen die Zusammenhänge zwischen Wörtern und Sätzen nicht richtig. Das bedeutet für die Schüler: Jede Mitteilung, jede Leseseite, jede Re-

chentextaufgabe wird zu einer Herausforderung. Wer den Inhalt eines Texts nicht versteht, kann die darin enthaltenen Informationen nicht einordnen und auch nicht mit schon vorhandenem Wissen verknüpfen. Gelingt das nicht, wird es schwieriger, sich in einer zunehmend komplexeren Welt zurechtzufinden.

Wer zu Hause über einen Nichtleser seufzt, muss sich mit der unangenehmen Wahrheit auseinandersetzen: Lesenlernen ist ein Kraftakt. Dazu gehört Üben, Üben, Üben – und Motivieren. Das Kind will bei seinen Anstrengungen ermuntert werden und, oft noch viel wichtiger, zunächst einmal wahrgenommen werden. Wer das Gefühl hat, dass das Lesen-Üben stört (»Jetzt geh einfach mal in dein Zimmer und üb noch ein bisschen Lesen!«), ist wenig motiviert. Sich gemeinsam über kleinste Lesefortschritte freuen, dem Kind beim lauten Buchstabieren und Lesen zuhören, ihm zeigen: Ich freue mich, wenn ich dich lesen höre! – das sind Signale, die ein Kind ermutigen. Wo der Akt des Lesens und Lesenlernens ins stille Kinderzimmer verbannt wird, da wächst der Unmut (»Warum bin ich eigentlich der Einzige in dieser Familie, der lesen lernen muss? Ich soll zwar lesen können, aber niemand hilft mir dabei.«). Enttäuschung pur, dabei würde fortwährendes Motivieren doch so dringend benötigt. Eltern sollten das Üben zur Chefsache machen und sehr viel Geduld haben. Sonst entsteht Lesefrust statt Leselust.

Insgesamt weisen die Daten der IGLU-Studie darauf hin, dass die Leselust nicht nur in Deutschland, sondern auch international zurückgeht. In allen 57 teilnehmenden Staaten hat sich in den vergangenen zwölf Jahren die Anzahl der Schüler, die täglich in ihrer Freizeit weniger als 30 Minuten lesen, beträchtlich erhöht.

Lesenlernen ist mühsam, es braucht Zeit und stetes Wiederholen. Klicken und Wischen sind einfacher und von schnellerem Erfolg gekrönt. So entsteht die Vorstellung, das Leben digital viel schneller managen zu können – was zu einer entgegengesetzten Nachwirkung führt, wie der Psychologe Stephan Grünewald, Leiter des Kulturforschungsinstituts Rheingold, jüngst erläutert hat: Duldsamkeit und die Akzeptanz für den kleinschrittigen und mühsamen analogen Alltag nehmen ab. Wo vieles »schnell« erledigt werden muss, schwindet auch die Geduld gegenüber dem Lesenlernen. ABC-Schützen haben eine sehr feine Antenne gegenüber der Ungeduld, die ihnen vermittelt: »Schneller jetzt!« Aber jedes Kind hat sein eigenes Tempo. Und angesteckt von der Ungeduld um es herum, wird auch ein Kind ungeduldig mit sich selbst.

Was also tun? Marie Schmidt hat im oben zitierten Artikel in der *Süddeutschen Zeitung* eine kämpferische Forderung aufgestellt: »Im chaotischen Alltag muss das Lesen deshalb entsprechend chaotisch und respektlos angegangen werden.«

Also fangen wir damit an. Jetzt!

DAS SMARTPHONE ALS GESCHICHTENERZÄHLER

Jeder hat es zur Hand, jeder benutzt es. Durchschnittlich 55 Mal am Tag macht es *pling* – schon wieder eine neue Nachricht, die gelesen werden muss. Warum also diese Form der Kommunikation nicht fürs Erzählen nutzen? Mit »Hooked« entstand 2015 in den USA die erste App, die Geschichten als Chats erzählte. Nach jedem Fingertipp auf dem Display erscheint eine neue Nachricht, die sich mehr und mehr zu einer zu entschlüsselnden Geschichte entwickelt. Nach rund fünf Minuten ist sie zu Ende. Heute ist »Hooked« in über 25 Ländern aktiv, allein in Deutschland lesen monatlich drei Millionen Nutzer, vor allem Zwölf- bis 20-Jährige, mindestens eine Geschichte; die Hälfte von ihnen liest mehrere Geschichten pro Woche. Die App »Tap« von Wattpad funktioniert auf ähnliche Weise. Einen größeren Wert auf die Qualität der einzelnen Geschichten legt der finnische Kinderbuchverlag Tammi Publishers, der ein eigenes digitales Konzept entwickelt und für Jugendliche umgesetzt hat – bislang aber nur auf Finnisch.

Auf ganz ähnliche Weise funktioniert auch die App »lifeline«, von der es insgesamt acht Folgen gibt. Der Leser bekommt in Echtzeit Nachrichten gesendet, zum Beispiel in der ersten Folge von einem auf einem fremden Planeten gestrandeten Astronauten. Jetzt ist es an der Leserin, am Leser – dem vermeintlich einzigen Kontakt zur Außenwelt für die sendende Figur –, Entscheidungen zu treffen und somit den Fortgang der Geschichte mitzubestimmen. Dieser interaktive Ansatz macht zwar noch kein echtes Spiel aus der Idee, zieht den Leser aber unmittelbar in die Handlung hinein. Für Kinder und Jugendliche, die eine Abneigung gegen gedruckte Bücher haben, ist er ein geeigneter Einstieg in die Faszination von Geschichten. Und aufgrund ihrer Länge auch was für eben mal zwischendurch.

KAPITEL 3

Wie ihr wollt

Was Kinder wirklich interessiert und Eltern nicht wissen

Das, was Kinder gerne lesen, und das, was andere ihnen wohlmeinend empfehlen, ist oft nicht dasselbe. Comics zum Beispiel gelten bei vielen Erwachsenen immer noch als »Nicht-Lesestoff«, das Vorurteil »Da gucken die Kinder doch nur die Bilder an!« hält sich hartnäckig. Dabei haben nicht wenige der schon ins Großelternalter gerutschten Leser ihre ersten Leseübungen mit Comic-Heften wie *Donald Duck* gemacht oder mit *Lurchi*-Heften, die es beim Schuhhändler kostenlos gab, oder mit den Rückentexten von Sammelbildchen.

Lesen ist ein autonomer Akt. Nicht das Buch zwingt den Leser zum Lesen, sondern der Leser nutzt das Buch, wie es ihm gefällt. Oder eben nicht. Oder die Leselust lässt mit zunehmendem Alter nach, wie Eltern erfahren. »Dabei hat er früher so gerne gelesen ...« – kein seltener Satz. Was tut ein Vater, der sich zuvor mustergültig als Vorleser und auch in anderen Formen als Literaturvermittler bei seinem Sohn engagiert hat? Der französische Schriftsteller Daniel Pennac hat genau darüber ein Buch geschrieben: über das wachsende Nicht-Lesen seines Sohnes. Es ist eine große Liebeserklärung ans Lesen – und an seinen Sohn. Letztlich ist *Wie ein Roman* sogar eine Liebeserklärung an das Nicht-Lesen. Klingt paradox, aber genau das ist das Faszinierende daran. Pennac wirft einen psychologisch tiefgehenden Blick auf die komplexen und verwirrenden »Lesesozialisationsfaktoren«: Warum könnte mein Sohn nicht lesen wollen? Wie soll ich als Leser, dem diese Tätigkeit enorm wichtig ist, darauf reagieren? Bedenkenswert sind dabei eingestreute selbstkritische Einsichten. Etwa ein Rückblick auf das entspannte Verhalten der Eltern in den ersten Kindheitsjahren, als sie das »Leseproblem« noch nicht zu einem immer größer werdenden Problem aufgebauscht hatten: »Was für Pädagogen waren wir, als wir uns noch nicht um Pädagogik scherten.« Oder, um es mit Shakespeare zu sagen: *»Lest, was ihr wollt.«*

Von dieser Warte aus hat Pennac zehn Rechte für Leser formuliert. Eine Idee, die Kindern gefällt. Fünftklässler einer Rüsselsheimer Schule haben in einem Schulprojekt daran angelehnt für sich selbst folgende Rechte aufgeschrieben:

RECHTE DER LESER

1. Man darf lesen, was man möchte (wenn es zum Alter passt und es nichts Bösartiges ist).
2. Man muss Bücher nicht zu Ende lesen (wenn es nicht gerade von der Schule verlangt wird).
3. Man muss keine Bücher lesen, die einem nicht gefallen (wenn es nicht gerade Schulstoff ist).
4. Man darf seine Meinung zu Büchern äußern, also sie bewerten (sollte aber fair sein).
5. Man darf der Autorin oder dem Autor eine Nachricht schreiben.
6. Man darf sich von Büchern auf Ideen bringen lassen (aber keine Plagiate schreiben!).
7. Man darf in allen Positionen lesen (im Liegen, im Sitzen usw.).
8. Man darf so viel lesen, wie man möchte.
9. Man darf für sich selbst zu Büchern etwas dazuerfinden und seiner Fantasie freien Lauf lassen.
10. Man darf mehrere Bücher auf einmal lesen.
11. Man darf anderen Menschen Bücher empfehlen.
12. Man darf über ein Buch lachen, wenn es lustig ist. Und überhaupt: ganz persönlich auf Bücher reagieren.

Jungs, die auf Bücher starren

»Ich bin ganz früh aufgewacht. Mein Traum war mir zu langweilig!« Eine zunächst vielleicht überraschende Antwort eines achtjährigen Jungen auf die Frage, ob er gut geschlafen habe. Aus Sicht der Lesesozialisationsforschung hat er sich allerdings idealtypisch verhalten:

Ihr zufolge sind acht- bis zehnjährige Jungs extrem anspruchsvoll, was Spannung betrifft. Sind sie gelangweilt, steigen sie aus. Ganz besonders, wenn es um Bücher geht.

Jungs stehen im ersten »Leseknick« der Vorpubertät besonders im Fokus der Forschung. Denn viele Mädchen legen in diesem Alter erst so richtig mit Lesen los: Die Schrifterwerbs-Phase ist abgeschlossen, was viele als große Motivation zum Selberlesen empfinden. Den aktuellen Forschungsstand fasst die Leseforscherin Cornelia Rosebrock in ihrem Aufsatz *Lesesozialisation und Leseförderung** so zusammen: Einerseits sei die »Phase der späten Kindheit« zumindest für Mittelschichtkinder von einem »hohen Stellenwert des Bücherlesens in der

Freizeit« geprägt. Mehr als die Hälfte der Kinder dieses Alters lese »gerne und häufig«. Andererseits benennt Rosebrock klar den bereits vorpubertär vorhandenen Gendergap: Mädchen sind ihr zufolge beim Lesen »höher motiviert« und besitzen auch eine »höhere Lesekompetenz«.

Dieser Befund macht viele Eltern nervös, weil sie die zweite Grundschulhälfte nicht zuletzt als »Schaulaufen« für die Gymnasialempfehlung sehen. Nach der vierten Klasse werden in vielen Bundesländern Weichen für die Schullaufbahn gestellt. Und während viele Mädchen in Richtung »gymnasiale Lesekompetenz« lossprinten, hocken ebenso viele Jungs noch im Startblock.

Gegen elterliche Panik kann eine manchmal etwas unbequeme Strategie helfen: »Helikoptereltern-Reflexe« unterdrücken und ehrlich mit der Lehrerin oder dem Lehrer dieses Problem besprechen. Und vor allem kein »Schaulaufen« inszenieren. Dann fallen im Idealfall Sätze, die einfach guttun: den Eltern – und damit auch dem Kind. Sätze wie: »Viele Jungs in dem Alter ticken nun mal so. Sie tun das nicht absichtlich. Verzweifeln Sie nicht, bleiben Sie aber beim Thema Lesen dran, und beginnen Sie am besten wirklich so früh wie möglich, Kinder für Bücher zu begeistern.« So erklärt es etwa Katja Franke, langjährige Grundschullehrerin in Rüsselsheim.

Als ebenso betroffene wie engagierte Mutter ist vor einigen Jahren die Journalistin Katrin Müller-Walde auf Spurensuche gegangen und hat ein lesenswertes Buch rund um das Thema »leseferne Jungs« verfasst. Sein Titel: *Warum Jungen nicht mehr lesen. Und wie wir das ändern können**. Viele ihrer Erkenntnisse (die von zahlreichen didaktischen Publikationen der vergangenen Jahre bestätigt werden) helfen dabei, erst einmal besser zu verstehen, was in diesen Jungs vor sich geht.

Wen Jungs so lesen sehen

Psychologisch gesehen spielt offenbar eine wichtige Rolle, dass Jungs Lesen unbewusst als »falsche Abbiegespur in Richtung Männlichkeit« empfinden. Denn Lesen ist aus ihrer Sicht weiblich geprägt: Vorlesende Mütter und Großmütter, Erzieherinnen, Grundschullehrerinnen, Bibliothekarinnen, Buchhändlerinnen stehen für Lesekultur. Männer reden über andere Dinge als übers Lesen, und Jungs wollen vor allem bei diesen anderen Themen mitreden können. Nur wer mitreden kann, gehört dazu. Damit schließt sich der Kreis: Wenn die laut Leseforschung für eine positive Leselaufbahn so wichtige »Anschlusskommunikation« über Gelesenes in »Männergemeinschaften« nicht stattfindet, fehlt ein wichtiger Motor. Jungs lernen: Wer die Vorzüge eines neuen Handys kennt, kann dort mitreden. Wer weiß, worum es in einem neuen Kinderbuch geht, hätte zwar etwas zu sagen – aber dabei hört ihm im Zweifelsfall niemand zu.

Forscher bringen das so auf den Punkt: Die Initiation in die Männergesellschaft erfolgt über andere Medien. Die neueste KIM-Studie unterstreicht, dass sich die Interessen von Mädchen und Jungen deutlich unterscheiden. Mädchen beschäftigen sich mit den Themen Kleidung/Mode, Tiere, Schule, Musik, Bücher/Lesen und Freunde/Freundschaft, während Jungs sich stärker für Sport, Technik, Computer-/Konsolen-/Onlinespiele und Internet/Computer/Laptop interessieren. Ausnahmen bestätigen zum Glück die Regel.

Das Rädchen, das im Getriebe der Lesesozialisation von Jungs häufig am lautesten quietscht, ist der Lesestoff. Viele Jungs mögen den Leseforschern zufolge keine zusammenhängenden Geschichten, sondern lieber Sachbücher. Oder noch besser: Comics. Die entsprechen nicht immer den Erwartungen von Eltern und Erziehenden. Außerdem lockt Jungs die Konkurrenz der elektronischen Medien besonders, vor allem Computerspiele. Auch dafür haben Medienpädagogen Erklärungen. Mädchen übten der Leseforscherin Christine Garbe* zufolge mit dem Lesen von Romanen soziale Interaktion ein.

Jungen dagegen gehe es bei Computerspielen um die Themen Macht und Herrschaft. Klischees? Wer beobachtet hat, wie sich achtjährige Jungs sträuben, etwas Rosafarbenes in ihrer Nähe zuzulassen, oder wie ein Zehnjähriger in der Schule ganz panisch das Mädchen anstarrt, das sich laut Lehreranweisung neben ihn setzen soll, weiß: Es steckt etwas Wahres in diesen Erklärungsansätzen. Auch wenn sie keine Allgemeingültigkeit haben.

Achtjährige Jungs haben andere Prioritäten als Lesenlernen – sie wollen Männer werden. Oder zumindest schon einmal wie möglichst authentische Miniaturausgaben von Männern wirken. Wer ihnen zwischendurch immer wieder das Lesen schmackhaft machen will, erntet am ehesten Erfolge, wenn er nicht als Störfaktor wahrgenommen wird. Dass es durchaus der Mühe wert ist, nicht zu resignieren und sich in dieser vorpubertären Lesesozialisationsphase um die Jungs zu kümmern, zeigt das Zitat eines Zehnjährigen. Mit einer Mischung aus Lässigkeit und Stolz berichtete er dem Deutschlehrer: »Ich hab mal in der Grundschule ganz freiwillig ein richtig schweres Buch gelesen. Aber das war auch echt spannend.«

»BLOSS NICHT LANGWEILIG«

Interview mit MARION ARNOLD,
Buchhändlerin im Kinderbuchladen Zürich

Nach welchen Kriterien suchen Erwachsene Kinderbücher aus?
Entgegen der landläufigen Meinung sind es nicht in erster Linie Themen und Inhalte – den Erwachsenen ist auch die Sprache sehr wichtig. Sie soll gepflegt sein, nicht nachlässig oder zu sehr von Slang durchsetzt. Oft fragen sie auch, ob der Autor, die Autorin einen wichtigen Preis gewonnen habe. Was die Themen angeht, stoßen provokative, sprich allzu explizite Liebesgeschichten und vermeintlich die Kinder »belastende« Themen auf Ablehnung oder zumindest auf Skepsis.

Was wird eher gesucht: Serien oder in sich abgeschlossene Romane?
Viele Eltern begegnen Serien mit einem gewissen Misstrauen. Die seien literarisch weniger wertvoll, so eine häufig vorgebrachte Befürchtung. Anders die Kinder: Sie verlangen ausdrücklich nach Serien, wählen ihre Lektüre aufgrund der Identifikation mit den Protagonisten. Für sie ist das Interesse an den Figuren entscheidend, um die sich die Handlung dreht, nicht die literarische Qualität.

Welche Protagonisten stoßen auf das Interesse der jugendlichen Leserschaft?
Jungs interessieren sich für männliche, Mädchen für weibliche Hauptfiguren. Das mag überraschend klingen, weil diese traditionellen Stereotypen gegen den Zeitgeist gehen, aber sehr klar ausgeprägt sind. Man muss dabei jedoch beachten, dass Mädchen zwar lieber Bücher mit weiblichen Hauptfiguren lesen, sich aber auch mit männlichen Figuren identifizieren können. Jungs hingegen verlangen explizit nach männlichen Helden, für sie ist das beinahe schon eine Bedingung, um zum Buch zu greifen. Hinzu kommt, dass Kinder großen Wert auf Authentizität legen - die Geschichten sollen nah am richtigen Leben

sein, sie sollen aber auch lustig und spannend sein. Überhaupt sehr wichtig: dass das Buch nicht langweilig ist. Das mag kein klar umrissenes Kriterium sein, aber es wird immer wieder erwähnt.

Welche Rolle spielen das Layout, das Format, die Illustrationen?

Eine große Rolle. Manchmal bin ich mir nicht sicher, ob die Verlage sich dessen bewusst sind. Das Cover steuert das Interesse in einem sehr hohen Maße. Wenn ein Buch auch für Jungs geeignet sein soll, dann darf das Cover kein bisschen »mädchenhaft« aussehen; Verlage, die Cover für beide Geschlechter akzeptabel machen wollen, begehen meines Erachtens einen Fehler. Die Anzahl und die Art der Illustrationen können ebenfalls entscheidend sein. Auch wenn beim Kinderroman der Text Vorrang hat – man sollte die Bedeutung der Illustration nicht unterschätzen.

Nach einer Lehre zur Buchhändlerin im allgemeinen Sortiment wechselte Marion Arnold in eine Fachbuchhandlung für Kinderbücher und Pädagogik. Sie absolvierte Weiterbildungen im Bereich Kinderliteratur und Didaktik und ließ sich zur Literaturpädagogin ausbilden. Marion Arnold ist parallel zu ihrer Arbeit im Kinderbuchladen Zürich im Bereich Leseförderung aktiv und startete 2015 das Projekt »Leseleiter«, wo Kinder und Erwachsene in Kursen und Workshops Kinderbücher erkunden können.

VOM BRIEFROMAN ÜBER E-MAIL-GESCHICHTEN ZU CHAT-STORYS

Der Briefroman ist nicht nur etwas für Erwachsene. Goethes *Werther* ist wohl das berühmteste Beispiel für den Erfolg dieser Gattung und wurde trotz des schwierigen Themas schon mehrfach für Kinder zusammengefasst. Aber es waren Kate und M. Sarah Klise aus den USA, die mit der Reihe »Friedhofstraße 43« und dem ersten Band *Gespenster gibt es doch!* eindrucksvoll bewiesen, wie attraktiv der Briefroman für Kinder sein kann. In ihren Briefen erzählen die Klise-Schwestern für Kinder ab 10 Jahren Geschichten, die in einem bizarr-lustigen Akademiker-, Geister- und Schriftstellermilieu angesiedelt sind. Besonders lesefreundlich ist das Spiel mit der Typografie: Wird die Schreibschrift größer und fetter, wird den Lesern klar, dass der Schreiber schreit.
Trotz digitaler Entwicklung haben E-Mail-Geschichten und Chat-Storys auf Papier Konjunktur. Beachtlich ist Holly G. Sloans und Meg Wolitzers *An Nachteule von Sternhai* ((ab 10, Hanser), worin sich zwei Mädchen im Netz auf überraschende Art kennenlernen und via Mail Kontakt halten. Wie nebenbei werden manchmal Erscheinungen unserer digitalen Welt hinterfragt. Beispielsweise als eine Hochzeitsrede erwähnt wird:

> *»Kann sein, dass sie sich nicht so gut liest, wie sie sich angehört hat. Vielleicht ist es wie bei Fotos. Es ist besser, auf Fotos doof und im richtigen Leben gut auszusehen, als umgekehrt. Oder vielleicht ist es genau andersherum in unserer digitalen Zeit: Lieber auf Fotos gut und im richtigen Leben doof aussehen, weil mehr Leute die Fotos sehen und die Fotos unser Aushängeschild sind.«*

Nicht nur formal gewinnt Digitales an Bedeutung im gedruckten Buch, auch inhaltlich wird es thematisiert. So gehört *Gefährlicher Chat* (ab 8) zu den spannendsten Bänden der Serie »Die drei !!!«. Im Roman *Goldmarie online* (ab 11) hat Ilona Einwohlt Versuchungen und Gefahren für Kinder in Chatrooms exemplarisch dargestellt.

KAPITEL 4

»Laaaangweilig!«

Warum Kinder aus Geschichten aussteigen

Bei Lesungen stellen Acht- bis Zwölfjährige andere Fragen an die Autoren als Erwachsene. Zum einen sind Kinderfragen lustiger: »Und wer erzählt *dir* Geschichten?« – »Kennst du unseren Lehrer, den Herrn Schneider? Er ist genauso wie der Grummelbär aus deiner Geschichte.« Zum anderen sind sie viel emotionaler – der Geschichte wie auch dem Autor gegenüber. So erzählt die Schriftstellerin Silke Schlichtmann dem *Münchner Merkur*, Kinder hätten sie auch schon gefragt, ob sie traurig sei, wenn sie eine Geschichte fertig geschrieben habe. »Das würden Erwachsene nie fragen«, sagt Schlichtmann. Aber noch lieber erzählen Kinder eigene Geschichten, zu denen sie durch die Lesung angeregt werden. Statt, wie wir es tun würden, die Autorin zu fragen, wie viel von ihrer Geschichte sie erlebt und wie viel sie erfunden habe und wie wichtig für sie literarische Vorbilder seien, erzählen Kinder, was *sie* erlebt oder erfunden haben. Schlaue Autoren hören zu und

reagieren mit Interesse, clevere Lehrerinnen freuen sich und nehmen den Faden auf. Denn sie wissen: Geschichten gehören weder jenen, die sie schreiben, noch jenen, die sie im Unterricht behandeln – sie gehören jedem, der sie liest oder hört. Jede gute Geschichte wird zur Geschichte derer, die sich auf sie einlassen.

Geschichten sind immer Erlebnisse, und für das Erleben ist es unerheblich, wem welche Geschichte zunächst zugefallen ist. Wer in eine Geschichte eintaucht, lässt sich auf Menschen, Fragen, Widersprüche, Zweifel, Verzweiflung, Erfreuliches, Glück oder Erschütterndes ein. Das ist anspruchsvoll – und doch besteht genau darin das Wunderbare am Lesen.

Wir alle, ob groß oder klein, erwarten von Geschichten vor allem:
dass sie uns angehen,
dass sie uns berühren,
dass wir darin vorkommen.

Junge Leser sind in ihrem Anspruch konsequenter als wir: Sie integrieren das literarische Erlebnis leichter in ihr eigenes Leben, verbinden unbekümmert Erlesenes und Erlebtes, Geschichte und eigene Erfahrungen. Kinderbücher, die ihnen die Möglichkeit dazu bieten, sind gut. Die übrigen nicht. So einfach ist das.

Das schlimmstmögliche Urteil über eine Geschichte lautet: Langweilig! Über welche Geschichten wird der Daumen gesenkt? Über Geschichten, die das Kind nicht angehen, in denen das Kind sich nicht willkommen fühlt, die es nicht zum Mitspielen, Mitdenken, Mitfiebern und Mitlachen einladen.

In einem Bilderbuch funktioniert die Einladung über den Blickkontakt: Eine Figur schaut das Kind an und lässt es so in die Geschichte

eintreten, mühelos und direkt. In einem Text ohne erzählende Bilder wird der Blickkontakt auf anderen Wegen hergestellt: über lebensnahe Figuren, sinnliche Beschreibungen, lebendige Dialoge. Ein Spiel, das ein Kind selbst mitgestalten kann, ist nie langweilig. Eine Geschichte, die das Kind miterleben kann, ebenso wenig.

Schwächen sind gut

Nicht nur Kinder, auch wir Erwachsenen meiden Menschen, die zu glatt, perfekt, über jeden Zweifel erhaben sind. Wir mögen sie nicht, weil sie unsere eigene Unsicherheit nicht zerstreuen, sondern nähren. Wir misstrauen ihnen – ahnend, dass sie nicht aufrichtig sind. Was wir im richtigen Leben nicht mögen, das geht in Geschichten schon gar nicht. Während wir Großen da und dort ein Auge zudrücken und auch mal ein langweiliges Buch lesen – schließlich hat es eine enge Freundin oder ein Literaturkritiker empfohlen –, sind Kinder in ihrem Urteil gnadenlos. Langweiligen Figuren folgt man nicht, mögen die noch so sehr um Aufmerksamkeit buhlen. Warum sollte man sich für jemanden interessieren, der alles im Griff hat, dem alles gelingt und der immer den kürzesten Weg zum Ziel

kennt? Keine erfolgreiche kinderliterarische Figur ist so. Acht- bis Zwölfjährige folgen Protagonisten, die Schwächen haben, zweifeln, irren, aufstehen und gleich darauf erneut hinfallen, schwindeln, bereuen, gute Pläne in den Sand setzen und schlechte Ideen nicht aufgeben. Selbst Superhelden sind superheldenhafter, wenn sie da und dort Rückschläge erleiden und sich hinterher über sich selber ärgern. Indem man mit ihnen geht, nimmt man an ihren Abenteuern teil, ergänzt ihre Gedanken, teilt ihre Sorgen und schreibt ihre Geschichten mit.

Micky oder Donald?

Gerade deshalb behauptet seit rund 80 Jahren ein absoluter Pechvogel seinen Stammplatz im Heldenhimmel: Donald Duck. Im Gegensatz zur stets erfolgreichen Figur von Micky Maus neigt er zu Wutausbrüchen und anderen Charakterschwächen. »Micky oder Donald?«, steht daher eines Morgens in einer sechsten Klasse an der Tafel. Was sofort für ein bemerkenswert differenziertes Meinungsbild sorgt.

Micky kann bei den Kindern auf der Image-Habenseite punkten, weil er unternehmungslustig und witzig ist. Außerdem sympathisch und erfolgreich. Aber insgesamt outen sich

überwiegend Donald-Fans. Was offensichtlich damit zusammenhängt, dass Micky mit einem gewissen Streber-Image zu kämpfen hat: *»Bei Micky muss man alles ernst nehmen«*, gibt ein Schüler zu bedenken und fügt hinzu, Donald sei zwar »ein Hitzkopf«, letztlich aber »lustiger« als Micky. Ein Mädchen bringt es schließlich auf den Punkt: *»Ich mag Donald lieber, weil er so tollpatschig ist – genau wie ich.«* Ein Kunststück gelingt Donald offenbar besonders gut: Er schafft es, dass Kinder auch herzhaft über sich selbst lachen können. Und wenn man im Unterricht dann auf dieses Thema kommt, fällt schnell der Name eines jüngeren literarischen Antihelden, der bei Kindern enorme Popularität genießt: der Tagebuchschreiber Greg.

Das Besondere an diesen Antihelden fasst ein Kind so zusammen: *»Im echten Leben würde ich lieber Micky als Freund haben, weil Donald ja ständig Pech hat. Aber wenn ich ein Buch lese, finde ich Donald einfach viel lustiger.«*

Warum Kinder beim Lesen aussteigen und was sie bei der Stange hält

› Auch wenn das Kind das Lesen »technisch« schon ganz gut beherrscht: Anfangs sollten nicht zu viele Handlungsstränge parallel verlaufen – das strengt ganz schön an. Auch Vor- und Rückblicke im Text können noch verwirren.

- Sind gerade zu Beginn eines Buchs zu viele verschachtelte Sätze auf einer Seite, ist es für den Leser schwer, den Inhalt des Textes zu erfassen.

- Der Einstieg ins Buch sollte spannend sein. Bei zu langatmigen ersten Seiten lässt die Konzentration rasch nach – und damit die Motivation, weiterzulesen.

- Hilfreich ist es, wenn eine Figur, mit der sich das lesende Kind leicht identifizieren kann, schon früh ihren ersten Auftritt hat.

- Ebenso, wenn es sich gut in die handelnden Personen hineinversetzen kann.

- Auch, wenn es im Buch immer wieder Textstellen zum Mitfiebern gibt.

- Nicht gut ist es, wenn die Figuren nur das machen, was vorhersehbar ist.

- Allzu perfekte Figuren sind langweilig.

- Kurze Kapitel strukturieren ein Buch und schaffen Erfolgserlebnisse: Ah, schon wieder ein Kapitel geschafft!

> Illustrationen sind kleine Lesepausen und helfen dem Leser dabei, sich die Welt und die Figuren im Buch vorzustellen. Deswegen wirken auch Comic-Romane oder Romane mit Comic-Elementen wie »Gregs Tagebuch« so motivierend beim Lesen. Mit zunehmendem Alter finden es Kinder oft besser, sich all das selbst vorzustellen; Illustrationen sind dann nicht mehr so wichtig.

»Wer liest hier eigentlich: Du oder ich?«

Die Frage könnten Kinder des Öfteren angesichts wohlmeinender Elternratschläge stellen. Mag der Papa Marco Polos Reisen und Astronauten noch so spannend finden oder die Mama Fantasy-Abenteuer und soziale Auseinandersetzungen: Das müssen beileibe nicht die Themen sein, die ihre Söhne und Töchter interessieren. Genauso wie die erwachsenen Leser möchten auch die Kinder mit den Themen abgeholt werden, an denen sie gerade »dran« sind. Das kann die Rivalität unter zwei Gleichaltrigen sein, Musik machen, Mobbing und Ausgrenzung (weil es vor den eigenen Augen in der Schule passiert), Trennungsgeschichten, großartige Abenteuer (in die man sich lesend hineinträumt), sportliche Wettkämpfe usw.

Und das Thema Liebe ist allgegenwärtig, in unterschiedlichsten Kombinationen. Wenn Eltern sagen: »Nein, nein, unser Luca ist da noch nicht so weit«, und: »Unsere Lilli interessiert sich noch nicht für Jungs«, ist das meist weniger eine Beobachtung als der Wunsch, die (Vor-)Pubertät möge noch nicht Einzug gehalten haben und ihr Kind immer noch süß und klein sein (siehe auch Kapitel 8). Das kann verschmust sein und gleichzeitig seine Stacheln ausfahren, im Kinderzimmer sieht man Kuscheltiere und Poster von Popstars und YouTubern einträchtig nebeneinander.

Zehn- bis Zwölfjährige – sogenannte »Pre-Teens« – stehen bisweilen ihren Gefühlen und dem Umgang mit dem eigenen Körper etwas ratlos gegenüber, sie fühlen sich nicht mehr ganz als Kind, aber auch noch nicht jugendlich. Lesend erleben sie derlei Veränderungen aus

der Sicht der Romanfiguren; in zehn Büchern kann es zehn verschiedene Herangehensweisen an dieselbe Situation geben – und dieses »Vor-Erleben« gibt ihnen Hilfestellung und auch Sicherheit. Als Leser fühlen sie sich für die erst später eintretende reale Situation schon mal gewappnet. Wenn irgendeine Mitschülerin erzählt, sie habe letzte Woche geküsst, rätseln alle: Hat sie wirklich oder behauptet sie das nur? Kussszenen werden mit Spannung gelesen – man möchte gerne schon mal wissen, wie es sich für die Buchfiguren anfühlt.

Den »Erfahrungen« der Peergroup traut man hier nur bedingt, und mit den Eltern darüber reden – geht gar nicht! Nicht wenige erwachsene Buchvermittler und -käufer haben allerdings immer noch Probleme, »das Thema« ohne Tabus zu betrachten. Schriftstellerin Ilona Einwohlt, die auch Autorin von Aufklärungsbüchern für die Zielgruppe ist (empfehlenswert: *Gucken verboten. Das (fast) geheime Aufklärungsbuch*, illustriert von Katharina Vöhringer, Sauerländer Verlag), berichtet von Irritationen Erwachsener, wenn sie in einem Kinderbuch erzählt, wie eine Zwölfjährige mit Neugier und Spaß gemeinsam mit ihrer Teddybärin den eigenen Körper entdeckt. Auch Klett-Kinderbuch-Verlegerin Monika Osberghaus, die Mårten Melins Romane *Etwas mehr als Kuscheln* und *Viel mehr als ein Kuss* herausgegeben hat, berichtet, dass »etliche erwachsene VermittlerInnen Probleme mit den expliziten Inhalten« haben. In beiden Romanen sind die sich herantastenden Mädchen und Jungs aktiv, sexuelle Handlungen und zugleich die inneren Gefühlslagen werden hervorragend beschrieben und auch, wie kompliziert die ersten Beziehungsversuche sein können. Wo immer die Bücher liegen: Die Kids greifen zu. Und lesen sich fest. Nur Erwachsene kriegen Schweißperlen auf der Stirn. Warum eigentlich?

Es gibt derzeit einen Trend weg vom gesellschaftlichen Leben hin zu traditionellen, eher privaten Lebensräumen, verbunden mit dem Rückzug in die Familie. Insbesondere Mütter sind vorsichtig geworden bei der Lektüreauswahl und scheuen ein Kinderbuch wie Finn-Ole Heinrichs *Maulina* (Hanser) oder Benjamin Tientis *Salon Salami* (Dressler), in denen eine Mutter stirbt oder im Gefängnis sitzt. Die jungen Leser mögen die Bücher, die Kritiker und Lehrer auch, aber Mütter (und Väter!) haben eine höllische Angst, dass ihr Kind sie fragen könnte: »Was ist, wenn du stirbst, Mama (Papa)?« Insbesondere bei Helikoptereltern löst der Gedanke allein schon Angst aus, dass ihre Kinder das überhaupt nur *denken* könnten.

LITERARISCHE MOMENTE DURCH SCHREIBEN ERFAHREN

» Albert Einsteins Satz »Kreativität ist Intelligenz, die Spaß hat« ist mindestens so wahr wie $e=mc^2$, aber leichter zu verstehen und auch im Alltag nachzuweisen. Im Grunde braucht man nur eine ganz normale Schulklasse und einen schlauen Schreibauftrag, den die Kinder nicht mit Unterricht verbinden. So hatte eine Lehrerin ihre Klasse rings um die Schule ausschwärmen lassen, um persönliche Schreiborte zu suchen: Ein Schüler setzte sich mitten auf eine Verkehrsinsel und verfasste eine moderne Robinson-Geschichte. Ihre Kollegin ließ eine Klasse ein Gedicht als Kochrezept umschreiben und auf einer selbst gebauten Bühne inszenieren.

Die Beispiele zeigen: Besondere Schreibmomente sind öfter möglich, als unsereiner vielleicht denken mag. Dabei lassen sich immer wieder Brücken schlagen zwischen einem reinen »Flow-Schreiben« und einem reflektierten Schreiben. Den Schreibpädagogen Michael Becker-Mrotzek und Ingrid Böttcher zufolge geschieht das Flow-Schreiben sehr spontan, gewissermaßen aus dem Bauch heraus, und es führt nach einer von ihnen zitierten Studie nicht selten zu echten Glücksmomenten. So gesehen, bringt Robinson 2.0 von seiner Insel nicht nur einen Text mit, sondern vor allem auch einen enormen Motivationsschub fürs Schreiben – und damit auch fürs Lesen. Denn es bedarf hier wie dort einer stark ausgeprägten Vorstellungskraft, um die Grenze zwischen »wahr« und »wahrscheinlich«, »Erfahrung« und »Erfindung« zu verwischen.

Wer selbst schreibt, möchte auch gelesen werden. Auf der weltgrößten Self-Publishing-Plattform Wattpad können Nutzer ihre eigenen Geschichten in Genre-Kategorien wie »Jugendbuch«, »Historischer

Roman«, »Sachbuch«, »Gedichte« oder »Fan-Fiction« veröffentlichen. Das Wachstum des sozialen Netzwerks ist rasant und verzweigt sich von der ursprünglichen Wattpad-Website in mehrere neue Apps, TV-Sendungen, Agententätigkeiten für Autoren oder Scout-Tätigkeiten für Verlage und Firmen wie Coca-Cola und H&M sowie in eigene verlegerische Ambitionen. Das Mindestalter für Wattpadders ist aus juristischen Gründen 13 Jahre. Doch die Erfahrung zeigt: Hier tummeln sich, vor allem als Leser, auch viele Kinder. 90 Prozent schreiben nicht für Wattpad, sondern lesen – und 90 Prozent der Aktivitäten auf Wattpad entstehen mit mobilen Endgeräten. Nicht nur die Lesedauer der Nutzer, sondern auch das Engagement beim Kommentieren und Teilen von Wattpad-Inhalten in anderen Netzwerken steigt. Erfreulich für den Buchhandel ist, dass nach eigenen Angaben mehr als 60 Prozent der Wattpadders monatlich mindestens ein Buch kaufen. «

LESEMOTIVATION MIT HUMOR

Lesen kann anstrengend sein und laaaaaangweilig, muss es aber nicht. Ein probates Gegenmittel sind Witzebücher, beispielsweise *Die Schule der magischen Tiere: Witze!* Inhaltlich wird an eine der bekanntesten und beliebtesten Serien angeknüpft. Ein großzügiges Layout macht Lust aufs Weiterblättern, von Lacher zu Lacher aus dem Mund der längst vertrauten Schüler und Tiere. Autorin Margit Auer hatte die Idee zu den magischen Tieren, als sie sah, wie ihre Kinder der Hauskatze abends im Bett ihre Schulsorgen erzählten und mit ihr kuschelten. Jetzt können die Tiere nicht nur zuhören und antworten, jetzt können sie Witze erzählen.

KAPITEL 5

Die Verpackung muss stimmen

Wann greift ein Kind zum Buch?

Tatort: Kleinstädtische Buchhandlung

Opfer: Neuester Frankreich-Krimi

Täter: Frau, ca. 30 Jahre, unauffällig gekleidet

Zeugen: Buchhändlerin, zweiter Kunde

Tatzeit: 13.17 Uhr

Motiv: Lesehunger und Spannungssucht

Tathergang: Nachdem die Täterin um etwa 13.04 Uhr den Laden betrat, schlenderte sie durch die Buchhandlung, um dann zielgerichtet auf den Büchertisch mit den neuesten Krimis zuzusteuern. Sie umrundete ihn beobachtend, nahm immer wieder ein Buch in die Hand und zögerte bei besagtem Frankreich-Krimi zwei Sekunden lang. Dann griff sie danach, betrachtete Cover und Klappentext, packte fester zu und schleppte das Opfer mit schnellem Schritt zur Kasse.

Jede Sekunde zählt

Zwei Sekunden braucht ein Buchkäufer ungefähr, um zu entscheiden, ob er nach dem einen bestimmten Buch greift oder nicht. Zwei Sekunden, ob er sich ein wenig ausführlicher mit ihm beschäftigen möchte, also den knappen Text auf der Rückseite des Buchs lesen will, vielleicht die ersten Zeilen des Inhalts. Dann erst legt er sich fest.

Wenn der erste Blick aber nicht überzeugt und die Augen weiterwandern, hat dieses eine Buch keine Chance mehr.

In den Verlagen beschäftigen sich viele Menschen mit dem perfekten Titelbild. Patentrezepte gibt es nicht, Geheimrezepte auch nicht. Aber eine Regel: Je bekannter ein Autor, desto größer soll der Name auf dem Buchcover prangen. Da weiß der Leser, die Leserin: Das ist der neue Sebastian Fitzek, die neue Nele Neuhaus. Bei unbekannten Autoren oder Debütanten muss das Titelbild sprechen. Es sollte dem erwachsenen Betrachter schnell klarmachen, zu welchem Genre der Titel gehört, vielleicht auch, welcher Anspruch sich dahinter verbirgt.

Das Cover entscheidet

Und bei Kindern? Kinder sind noch viel stärker optisch geprägt als Erwachsene. Autorennamen sind ihnen meistens egal. Helden nicht. Wenn eine neue »Liliane Susewind« herauskommt, das Kind einen weiteren »Harry Potter« lesen will oder wissen, wie es mit Luzifer junior weitergeht, dann darf der Name des Helden fett auf dem Cover stehen, die Optik dem ersten Band gleichen: Das Buch muss wiedererkennbar sein.

Auch Acht- bis Neunjährige begutachten als Erstes das Cover. Sagt das zu und gibt dem Kind das Versprechen, dass es bekommen wird, wonach es sucht, schlägt es das Buch auf und schaut hinein.

- Wie viel Text ist im Buch, ist es möglicherweise zu viel / zu wenig Text?
- Wie viele Seiten hat das Buch?
- Sind Bilder im Buch? Sind die schön?
- Ist die Schrift gut lesbar?

Diese Fragen sind für ein Kind enorm wichtig. Erst zum Schluss wird der Klappentext gelesen.

GRÜN GEHT GAR NICHT!
ABER SCHNEE AUCH NICHT! SONST SIND WIR NUR IM WEIH-NACHTSGE-SCHÄFT!
...UND BITTE KEINE ROSA WEIHNACHTS-KUGEL!
VIELLEICHT DOCH, AUCH WELCHE MIT REGEN-BOGENMOTIV... WEGEN DIVERSITY!
ABER BITTE NICHT ZU KRASS !!!

Kinder ab zehn Jahren sind bereits stärker durch das geschriebene Wort geprägt. Gefällt ihnen das Cover, drehen sie das Buch direkt um. Sie sammeln Informationen und erfassen den Inhalt durch das, was der Verlag im Klappentext über das Buch erzählt. Die Gewichtung ist bei den Älteren also bereits etwas verschoben. Aber ohne Cover geht es trotzdem nicht.

DER ULTIMATIVE TEST:

Legt man Kindern Bücherstapel vor die Nase und mischt darunter einige Leseexemplare, die noch kein gestaltetes Buchcover haben, also einfach nur einfarbig sind mit aufgedruckten Autorennamen und Buchtitel, finden sie keine Beachtung – mögen sie noch so spannend sein. Und auch wenn man als Erwachsener auf sie hinweist, werden sie meist beiseitegelegt.

Fragt man Buchhändlerinnen, nach welchen Kriterien Kinder in diesem Alter Bücher auswählen, fallen Begriffe wie Thema, Witz, Spannung, schön, bescheuert, und immer wieder cool. Die meisten Kinder wollen cool sein, und das, womit sie sich beschäftigen, soll es möglichst auch sein. Entsprechendes gilt für Bücher. Die Coolness, Lässigkeit, oder was sonst vom Buch inhaltlich erwartet wird, möchte das Kind dem Buch bereits von außen ansehen, und zwar auf den ersten Blick. Für Jüngere darf das Titelbild gerne noch ein wenig erzählerischer sein, für Ältere muss es richtig cool sein. Natürlich variiert die Definition von »cool« von Kind zu Kind. »Kinder können neben dem

größten Kitsch die größte Kunst konsumieren«, weiß Buchhändlerin Kathrin Rüger vom Buchpalast in München aus Erfahrung.

Aber eines geht im »Zweitleser-Alter« gar nicht mehr: die übervollen Cover der Leselernbücher mit gefühlten hundert Informationen über Klassenstufe, pädagogisches Konzept, Schwierigkeitsgrad usw., die sich eigentlich mehr an die Erwachsenen richten. Da vergeht dem Kind die Freude am Lesen fast schon auf den ersten Blick.

Luftiges Layout

Der nächste Blick richtet sich dann auf die Innenseiten. Sieht eine eng bedruckte Buchseite schon aus wie eine Bleiwüste, spürt ein Kind instinktiv: Achtung, jetzt wird's anstrengend! Und legt das Buch lieber gleich wieder auf den Stapel zurück.

Ähnlich wie bei einer Handschrift kann auch eine gedruckte Schrift »unleserlich« wirken. Dabei spielen nicht nur Schriftart und Schriftgröße eine Rolle, sondern auch die Länge einer Zeile und der Abstand zwischen den Wörtern. Je »luftiger« der Satz ist, desto leichter sind die Wörter erfassbar. Davon hängt ab, ob das Auge eine Buchseite als »angenehm« oder eher »unangenehm« empfindet. Jüngere Leser schätzen

- einen sogenannten Flattersatz (jede Zeile beginnt links und läuft ungleichmäßig aus – sie »flattert« am Ende)
- nicht zu viele Trennungen, und wenn ja, möglichst sinnhafte Trennungen
- immer wieder Absätze, die Atempausen beim Lesen ermöglichen
- genügend Weißräume auf einer Seite
- Buchstaben, die sich gut voneinander unterscheiden lassen

- eine nicht zu kleine Schriftgröße
- genügend »Durchschuss«, also Abstand zwischen den Zeilen.

Sind die Buchseiten lesefreundlich aufgebaut, erhöht das die Lesegeschwindigkeit und damit auch das Textverständnis – und das Lesevergnügen.

Es geht auch einfacher

Um auch den Kindern und Jugendlichen eine Chance zu geben, die nicht so gut lesen können, haben sich Verlage in jüngster Zeit einige Strategien überlegt. Denn bislang war der Blick auf diese Gruppe Lehrmittelanbietern wie dem Verlag an der Ruhr vorbehalten, etwa in der Reihe »K.L.A.R.« mit geringerer Textmenge, überschaubaren Leseabschnitten und einer leichter verständlichen Alltagssprache, immer ergänzt durch Begleitmaterialien für den Unterricht. Dieses Modell adaptieren zusehends auch etablierte Kinder- und Jugendbuchverlage – mit ungewöhnlichen Formaten oder sinnvollen Ergänzungen. Sie können dabei auf bekannte Hausautorinnen und -autoren zurückgreifen, um die neu entwickelten Konzepte umzusetzen.

Ein jedes Buch wäre super lesbar, wenn Leseniveau und Lesealter-Empfehlung identisch wären. Doch so deckungsgleich sind sie eben nicht in jedem Fall. Schon gar nicht bei denjenigen, die in der Pisa-

Studie zu dem knappen Viertel gehören, die am Ende der Grundschule noch nicht sinnerfassend lesen können. Beltz startet im Gulliver-Programm die Reihe »Super lesbar«. *»Wir wollen Inhalte anbieten, die der Erfahrungswelt der Leser entsprechen, aber sprachlich auf einem einfacheren Leseniveau sind«*, sagt die verantwortliche Lektorin Elisabeth Gayer.

Entsprechend haben Bücher »ab 11« ein Leseniveau von »ab 9«, Bücher »ab 9« eines von »ab 7«, für Buchhändler winzig klein auf dem EAN-Code vermerkt. Die Umsetzung erfolgt auf allen Ebenen: altersgerechte Geschichten, überschaubarer Umfang, aber auch blickdichtes Papier, lockeres Satzbild, lesefreundliche Schriftarten, kurze Sätze und Absätze. »Wir haben bei Beltz ja schon Erfahrung gesammelt mit Titeln in einfacher Sprache, zum Beispiel die Übertragung in einfache Sprache bei Milena Baischs *Anton taucht ab* und Stefanie Höflers *Mein Sommer mit Mucks*«, so Gayer. »Das kam uns auch bei der Entwicklung von ›Super lesbar‹ entgegen.«

Nicht viel mehr als 100 Seiten

Schon seit 2015 gibt es die Reihe »Carlsen Clips«, hinter deren Büchern ein ähnliches Konzept steckt. Den jugendlichen Lesern um die 13 Jahre »soll von Anfang an die Angst vor dem Lesen genommen werden«, wie Carlsen-Lektorin Theresa Hochhuth erläutert. Das erfordert von Verlagsseite inhaltliche und formale Vorgaben. *»Vom Umfang her sind die Bücher kurz, maximal 112 Seiten, die Story wird stringent erzählt ohne komplizierte Nebenhandlungen. Die Sätze sind einfach und nicht zu lang. Wir verzichten auf den üblichen Blocksatz und auf Worttrennungen.«* Ähnliche Konzepte verfolgen bei dtv junior die Titel mit dem Zusatz »Short« und bei Ravensburger Bücher mit »short & easy«.

Im BVK Buch Verlag Kempen erscheinen seit Frühjahr 2019 die »Plus«-Jugendbücher, die speziell für leseschwächere Schülerinnen geschrieben sind. Ein überschaubarer Umfang von maximal 124 Seiten, größere Schrift, viel wörtliche Rede und der Verzicht auf Schachtelsätze sorgen dafür, dass die Lektüre auch für leseungeübte Jugendliche zu bewältigen ist. Jedes Buch enthält dazu einen kurzen pädagogischen Anhang.

Und in der Schweiz ist seit Herbst 2016 der da-bux-Verlag am Start, mit vier neuen Titeln pro Jahr. Sie sind nicht länger als 60 Seiten, und zu jedem Buch erscheint entsprechendes Unterrichtsmaterial.

Radikale Text-Bild-Gestaltung

Einen anderen Weg wählt »Loewe Wow!« für die Lesergruppe von sieben bis zehn Jahren. Es ist laut Verlag die »Antwort auf die veränderten Lesegewohnheiten« der ausgemachten Zielgruppe. *»Da hilft eben nicht ein bisschen mehr Durchschuss, sondern nur eine radikal andere Text-Bild-Gestaltung«*, ist Verlagsleiter Christoph Gondrom überzeugt. So ruft Loewe *»Goodbye, Textwüste!«* und präsentiert bei »Loewe Wow!« Bücher mit 90 Prozent Bild- und nur 10 Prozent Textanteil. Das blättert sich weg wie nix und stellt auch ungeübte Leser nicht vor allzu große Herausforderungen. Dafür kommt den Bildern eine größere Bedeutung zu: »Die Illustrationen sind sinntragend. Forscher haben festgestellt, dass sich die Kommunikation zwischen Kindern und Jugendlichen mittels WhatsApp und Co. rasant in Richtung einer hieroglyphenartigen Sprache entwickelt«, so Gondrom. »Text und Bild werden beim Kommunizieren als Einheit begriffen.«Doch Loewe vertraut nicht allein auf den Wow!-Effekt, der sich im Buchladen beim ersten Blick ins Buch einstellen soll. Unter den ersten vier Novitäten ist mit Jochen Till ein bekannter Autor, der für die Altersgruppe schon sehr erfolgreiche Titel veröffentlicht und eine breite Fanbase hat.

Ravensburger wiederum setzt mit »Leichter lesen« auf eine Erstlesereihe für Ältere: spannende Themen für Kinder ab acht Jahren mit einfacher Sprache, kurzen Texten und großem Zeilenabstand. Die Titel schließen die Lücke zwischen Erstlesereihen-Büchern und komplexeren Kinderromanen.

Viele Wege führen zum Leser

Aber auch andere Verlage haben die Wenigleser nicht aufgegeben – es muss ja nicht immer gleich eine eigene Reihe sein. Vorlesen (auch für Ältere, die sich mit dem Selberlesen schwertun) ist eine Form der Leseförderung, die unter anderem Ellermann und Fischer Duden mit vielen geeigneten Titeln bedienen. Auch auf Lyrik und Versromanen scheint eine gewisse Hoffnung zu liegen. Lucia Lucias Poetry-Sammlung *Texte, die auf Liebe enden* oder, in diesem Frühjahr, *Swimming Lessons – freischwimmen* der Schauspielerin Lili Reinhart bei S. Fischer kommen von jungen, medienaffinen Autorinnen und überfordern nicht mit allzu viel Text. »Unsere Versromane von Steven Herrick sind sprachlich sehr leicht zugänglich«, meint Thienemann-Programmleiterin Katharina Ebinger; der aktuelle Roman *Ich weiß, heute Nacht werde ich träumen* wurde sogar mit dem Deutschen Jugendliteraturpreis ausgezeichnet. Und ein Gedicht pro Band, begleitet von großflächigen Illustrationen, bietet der Kindermann Verlag – neu im Frühjahr 2020 Theodor Fontanes *Die Brück' am Tay*.

AB 8, AB 10 …

Bei einer Reihe von Verlagen finden sich Altersempfehlungen auf dem Buchrücken oder der Buchrückseite, meist in Zweijahresabständen (ab 8, ab 10, ab 12). Aber wie das mit Empfehlungen so geht: Nicht immer »passt« die Altersangabe zur Leseerfahrung des Kindes. Wie ist denn die »typische« Elfjährige? Die eine spielt noch mit Barbies, die andere schminkt sich und interessiert sich für Jungs aus der nächsthöheren Klasse. Die Erfahrungs- und Denkwelten sind andere, und dementsprechend unterschiedlich sind auch die Bücher, die interessieren. Gewaltszenen oder erotische Zärtlichkeiten können die einen überfordern, während die anderen schon damit klarkommen. Um die Gruppe der potenziellen Leser zu vergrößern, neigen Verlage dazu, Bücher eher für ein jüngeres Lesealter einzugruppieren. Überforderte Leser legen jedoch das Buch früher wieder aus der Hand und verlieren leichter die Lust am Lesen.

KAPITEL 6

Wo sich Text und Bild die Hand geben

Comics haben es bei Kindern leicht – bei Erwachsenen weniger

In Comics wird oft gekämpft: Asterix gegen Cäsar, Lucky Luke gegen die Daltons, Kapitän Haddock gegen General Tapioca – und die vielen Kämpfer in Manga sowieso. Doch der Comic muss als Medium auch heute noch kämpfen, und zwar gegen viele Vorurteile: Bestenfalls toleriert als ein unerfreuliches Intermezzo auf dem Weg zur »richtigen« Literatur, wird er häufig und immer noch als triviale Sprechblasen-

literatur und Lesefutter für Analphabeten verteufelt. Seit der Schmutz-und-Schund-Kampagne in den 1950er Jahren hält sich in Deutschland hartnäckig das Vorurteil, Comics seien billige Unterhaltung. Wenn heute Eltern ihre Kinder auffordern: »Nun lies doch mal was Richtiges!«, dann ist klar, dass damit ein Buch gemeint ist. Ganz anders als etwa in Frankreich oder Italien, wo Comics hohe Auflagenzahlen haben und auch von Erwachsenen als sehr ernsthafte Lektüre angesehen werden.

Hierzulande wird der Comic immer noch und immer wieder als ein Massenmedium gesehen. Diese Wahrnehmung wird keinesfalls durch Verkaufszahlen unterstützt: Die auflagenstarken Comic-Serien sind einige Jahrzehnte alt. Sie werden immer noch aufgelegt, gelesen und sogar besprochen, aber sie haben bis heute keine auch nur annähernd starken Nachfolger gefunden. Der Erfolg der in die Jahre gekommenen Serien, aus denen die oben erwähnten Beispiele stammen, ist möglicherweise ein Grund für die Probleme, mit denen der Comic heute zu kämpfen hat. Denn was den Stempel »Massenware« trägt, kann nicht gut sein, so eine leider ziemlich verbreitete und ziemlich verkehrte Ansicht.

In den 1990er Jahren wurde die Comic-Szene dann durch japanische Manga und koreanische Manwha aufgemischt, die von rechts oben nach links unten und von hinten nach vorn gelesen werden. Das freute Kinder umso mehr, als sie plötzlich den irritierten Erwachsenen etwas voraushatten: Manga wurden rasch Kult. »Naruto«, »One Piece«, »Sailor Moon« und »Dragonball« sind bis heute auflagenstarke Comic-Serien für Leser zwischen zehn und 25 Jahren, wobei die Zielgruppe inzwischen mitzuwachsen scheint. Das Argument, solche Bestseller mit hohem Bildanteil könnten doch nie und nimmer ernsthafte Literatur sein, wurde von Kritikern auch hier wieder ausgespielt. Die Leser hat das nicht gestört.

Bilder machen neugierig auf die Geschichte

Ein weiterer Vorwurf an die Adresse des Comics ist die angebliche Unvereinbarkeit zweier Erzählformen: der Bild- und der Wortkunst. Bild und Text sind im Comic gleichberechtigte Erzählebenen: Die Bilder sind kleine visuelle Anker, sie machen neugierig auf die Geschichte und ergänzen, was der knappe Text ausspart. Aber allein aus den Bildern wird (außer bei einem textlosen Comic) noch keine nachvollziehbare Geschichte – dazu muss man auch den Text lesen. Kinder stellen zwischen den vielen einzelnen Bildern auf einer Doppelseite sinnstiftend die Verbindungen her, ziehen ihre Schlüsse, sie konstruieren interaktiv die Handlung und begreifen am Ende, dass sie nur Ausschnitte aus einer Handlung sehen, die Geschichte selbst sich aber in ihren Köpfen formt.

Das Erfassen dieses Zusammenspiels von Wort und Bild ist ganz schön anspruchsvoll. Doch ausgerechnet daraus wird dem Comic ein Strick gedreht:

»Das Auge kann nicht zugleich schauen und lesen – daran können Comics nichts ändern«, so Jens Balzer und Martin tom Dieck in der Zeitschrift *Schreibheft* (51/1998). Der Text und das Bild würden einander im Weg stehen und den Leser daran hindern, das Verständnis für das Zusammenspiel der beiden Erzählmethoden zu entwickeln. Diese Ansicht hat zu einer ebenso langwierigen wie unerfreulichen akademischen Diskussion darüber geführt, welche Erzählart in welchem Medium nun Vorrang vor der anderen hat. Interessanterweise wird diese Frage bei einer beliebten Kunstgattung, die ebenfalls mit Bildern und Worten erzählt, nicht gestellt: beim Bilderbuch. Da entsteht die Qualität eben gerade aus der Spannung zwischen Bild und Text. Die beiden Elemente dürfen und sollen einander ankündigen, relativieren, infrage stellen. Der beim Comic als problematisch gesehene Unterschied zwischen der Statik des Bildes und der Kontinuität der Wortererzählung ist für das Bilderbuch nicht relevant. Wird der Comic hier für etwas geschmäht, was beim Bilderbuch als Qualitätsmerkmal gilt?

Das Bilderbuch wird anders vermittelt. Das Kind betrachtet das Bild und hört dabei den Text. Es hat Zeit und Muße, das Bild auf sich wirken zu lassen und dann Fragen zu beabsichtigten und zufälligen Widersprüchen zu stellen. Beim Comic ist das nicht anders: Das selbst lesende Kind kann ein Bild so lange erfassen und durchdringen, wie es möchte – anders, als wenn es einen Film schaut.

Bilder motivieren, nähren die Neugier, bieten Unterstützung beim Lesen. Die Abfolge der Bilder verrät den Aufbau der Geschichte, das Handlungsgerüst steckt schon in den einzelnen Panels, der Text gesellt sich harmonisch dazu. Und da die Texte in den Sprech- und Denkblasen und in Kästen am Rand nicht sehr umfangreich sind, bietet der Comic auch für noch nicht so sattelfeste Leser und Kinder mit nicht

deutscher Muttersprache einen wunderbar niedrigschwelligen Einstieg ins Lesen – sie werden nicht von Textwüsten erschlagen. Komplexe Erzählelemente sind für das Kind sehr klar erkennbar: In Sprechblasen steht die gesprochene Sprache, und jede Sprechblase lässt sich einem Sprecher zuordnen. Dasselbe gilt für die als »Wölkchen« dargestellten Gedankenblasen. Die Erzählstimme wiederum findet sich in einem meist rechteckig abgegrenzten Textkästchen. Diese klare Struktur hilft den Lesern, sich durch den Text zu navigieren. Dadurch und durch die meist knappe und präzis formulierte Sprache wird der Lesefluss erleichtert. Da Comics auch vom Umfang her meist überschaubar sind, stellen sich schnell Erfolgserlebnisse ein. Das heißt: Der Akt des Lesens ist positiv besetzt. Das gibt Selbstvertrauen, sich auch einmal an längere Texte heranzuwagen.

Freche Szenen und Bilder als Lesemotivation

Neben der Lesemotivation weist Klett-Kinderbuch-Verlegerin Monika Osberghaus darauf hin, dass anspruchsvolle Inhalte im Comic durchaus möglich sind: Die Lücke zwischen dem »inneren« Verständnis für eine Geschichte, das bei Kindern im Leselernalter ja schon gut entwickelt ist, und der Lesefertigkeit sei längst nicht so groß wie bei Fließtexten. »Die Bilder zeigen viel vom Geschehen, dazu kommen kurze Dialoge und kurze Texte: So kann man komplexe Situationen auch ohne allzu viel komplexe Sprache erzählen.« Zudem werden noch unbekannte Wörter durch die Darstellung der Situation als Kontextinformation leicht erfassbar. Mit den »Lustigen Taschenbüchern« befassen sich vor allem Jungs viel lieber als mit Erstlesebüchern, erläutert Osberghaus, »die ja nur der Lesefertigkeit entgegenkommen, aber dem intellektuellen Anspruch von Kindern in dem Alter überhaupt nicht genügen«. Da Kinder geübtere Bildbetrachter sind als Erwachsene, nehmen sie von vornherein meist auch Details wahr – während erwachsene Comicleser Text und Bild zeitgleich scannen und sich dann erst die Bilder genauer anschauen. Und da die Bilder gerne Mimik, Gestik, Gefühle, Stimmungen zeigen, fällt es leicht, sich in die jeweiligen Figuren emotional hineinzuversetzen: ein Grundkurs in Empathie.

Ein großes Plus bei Comics sind die oft herrlich witzigen Passagen und subversiv-frechen Figuren, was Kinder ungemein schätzen. Das machen sich übrigens auch die textlastigeren Comicromane wie »Gregs Tagebuch« und die »Dork Diaries« zunutze. Schon bei jungen Comiclesern kann man sehr häufig beobachten, dass sie eines gut können: genießen. Sie staunen, lachen, stutzen, kombinieren und nehmen damit das vorweg, was beim Lesen großer Weltliteratur auch passiert.

Der Comic als Erlebnis

Große Kinderromane bekommen in einer Comicversion neue Leserinnen und Leser. Die Hamburger Illustratorin Isabel Kreitz etwa hat Erich Kästners Romane *Emil und die Detektive, Das doppelte Lottchen, Pünktchen und Anton, Der 35. Mai* als Comic gestaltet. Und nachdem Lektor Hans ten Doornkaat mehr als 200 Seiten Text aus Lisa Tetzners *Die schwarzen Brüder* – eine Geschichte über Kaminfegerjungen in Mailand – gekürzt hatte, erzählte der Zürcher Grafiker Hannes Binder diese Passagen in eindrucksvollen Schwarz-Weiß-Illustrationen nach: Entstanden ist ein ganz neues Leseerlebnis.

Letztlich geht es auch beim Comic – wie bei allen Erzählformen – um das Erlebnis. Wer sich auf eine Geschichte einlässt, will etwas erleben. Dazu braucht es eine Eigenleistung. Man muss in die Geschichte »hineinkommen«, um darin seine eigene Angst, Hoffnung, Freude, Wut, Begeisterung, das eigene Unbehagen zu finden. Eine Geschichte, die wir über den Text aufnehmen, erreicht das über Figuren, in die wir uns hineinfühlen und denen wir folgen möchten, weil sie uns interessieren. Sie interessieren uns, weil wir in ihnen etwas Vertrautes, Eigenes finden. Texte sind zwar abstrakt, doch sowohl Kinder als auch Erwachsene konkretisieren sie vor dem Hintergrund der eigenen Lese- und Lebenserfahrung.

Bilder hingegen wirken sofort, konkret, sie wecken Emotionen, ohne dass wir etwas verstehen und interpretieren müssen. Die Wirkung ist unmittelbarer als beim Text, wir sehen das Bild, und die Empfindung stellt sich sofort ein. Das entwertet aber die Bildsprache in keinem Fall, auch literarisch gesehen nicht. Die Wechselwirkung zwischen den Erzählformen Text und Bild ist keine Schwäche, sondern eine Chance.

Die Schrift hat im Comic, wenn man es darauf anlegt, vielfältigere Aufgaben und bietet interessantere Möglichkeiten als in der herkömmlichen Literatur. Sie hat nicht nur eine Bedeutungsebene, sondern auch eine gestalterische Funktion, etwa durch Größe, Fettdruck und Farbe. Wenn eine Figur Angst hat,

»KINDER LIEBEN COMICS«

Seit 2016 gibt es das Festival »Kinder lieben Comics« auf dem Comic-Salon Erlangen. Seit 2017 findet es auch in Hamburg jährlich in Kooperation mit dem Hamburger Lesefest »Seiteneinsteiger« statt.

»Comics lassen sich nicht gut vorlesen. Kluge Eltern weigern sich, das zu tun. Ein Kind, das Comics lesen will, muss notgedrungen selber lesen lernen – und das geht dann ganz schnell.« MONIKA OSBERGHAUS, Verlegerin Klett Kinderbuch

»zittert« die Linie ihrer Worte. Wenn eine Figur ihre Verachtung oder ihren Hass zum Ausdruck bringen will, verwandeln sich ihre Worte in Eiszapfen ... Der Text übernimmt damit einen Teil der Bildfunktion, er wird nicht nur gelesen, sondern auch betrachtet. Das schmälert das Erlebnis keinesfalls, im Gegenteil: Der Leser, die Leserin muss sowohl den Text wie auch das Bild gewissermaßen »übersetzen«, um ihr Zusammenspiel zu erkennen und so zu einem eigenen Erlebnis zu kommen – dem Ziel einer jeden Beschäftigung mit der Kunst.

Wer gute Comics liest, wird nicht weniger empfänglich für das, was manche Erwachsene als »richtiges« Buch empfinden (was in ihren Augen ein Buch mit viel Text ist). Alle Geschichten – ob wir sie nun als Romane, Filme, Bilderbücher oder eben Comics aufnehmen – führen zu einem Erlebnis und somit auch zu einem besseren Verständnis für die Welt um uns herum und unseren Platz in dieser Welt. Comics *sind* »richtige« Bücher, und wir erleben, dass der Bildanteil in Kinder-

büchern von Jahr zu Jahr zunimmt. Diese Entwicklung entspricht dem, was Kinder in ihrem Alltag aufnehmen: Vom Schulbuch und Workbook über das Smartphone bis zu den Websites im Internet ist er zunehmend von Bildern durchdrungen. Das als minderwertig abzutun wäre fahrlässig. Zudem wird das genaue Beobachten geschult – wie

VORTEILE FÜR JUNGE LESER

- Sprechblasenschrift oft in Großbuchstaben
- kleine Textmengen
- klar unterscheidbare Figuren
- wörtliche Rede ist den Figuren leicht zuzuordnen
- weitere Informationen im Bild
- gute Unterhaltungsstoffe
- kürzere Lesedauer als Motivation

ein textloses Kinderbuch allein mit 250 Fotos eine fortlaufende Geschichte erzählen kann, hat der Berliner Fotograf Jan von Holleben gerade mit *Alles immer – Das Bilderbuch* (Beltz & Gelberg) gezeigt. Jedes der ungewöhnlichen Fotos steht mit dem nächsten in Beziehung, jedes irritiert, weil es etwas Unerwartetes zu entdecken gibt: vergnügliches Futter für die Denkmaschinerie im Kopf. Mit Illustrationen ist in der Fantasie des Betrachters noch mehr möglich: Bilder ohne Grenzen.

LESETIPPS

- Patrick Wirbeleit, Uwe Heidschötter: ***KISTE***, Comicreihe, Reprodukt, ab 7
- Tove Jansson: ***MUMIN UND ...***, Reprodukt, Comicstrips um die rundlichen Trolle
- Marguerite Abouet, Mathieu Sapin: ***AKISSI: AUF DIE KATZEN, FERTIG, LOS!***, Reprodukt, 86 S., ab 8
- Isabel Kreitz: ***PÜNKTCHEN UND ANTON***, Comic nach Erich Kästner, Atrium, 112 S., ab 7
- ***DIE DREI ??? KIDS*** als Comic, Reihe, Kosmos, ab 8
- Philip Waechter: ***TONI***, Beltz & Gelberg, 64 S., ab 8
- Luke Pearson: ***HILDA UND ...***, Comicreihe, Reprodukt, ab 10
- Sabine Lemire, Rasmus Bregnhøi: ***MIRA***, Comicreihe mit drei Bänden, Klett Kinderbuch, ab 10
- Kaori Ozaki: ***OUR SUMMER HOLIDAY***, Carlsen Manga, 204 S., ab 10
- Øyvind Torseter: ***DER SIEBENTE BRUDER***, Gerstenberg, ab 10
- Cazenove & William: ***HEY, SCHWESTER***, Comicreihe, Popcom, ab 10
- Annette Herzog, Katrine Clanté, Rasmus Bregnhøi: ***HERZSTURM – STURMHERZ***, Peter Hammer Verlag, 64 S., ab 12 (der Comic lässt sich von vorne und hinten lesen)

KAPITEL 7

Scrollen wir noch oder lesen wir schon?

Wie sich die Lesefähigkeit im digitalen Zeitalter ändert

Das Kürzel »tl;dr« findet sich in Internetforen und Blogs. Es bedeutet, dass ein Beitrag aufgrund seiner Länge nicht gelesen worden ist: »Too long – didn't read«. So lautete auch das Motto der Web-2.0-Konferenz re:publica in Berlin 2019, die sich dem Trend zum oberflächlichen digitalen Lesen gewidmet hatte. Forscher der Columbia University in New York hatten 2016 rund 2,8 Millionen Tweets zu knapp 60.000

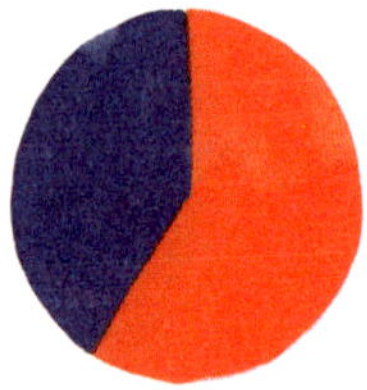

59 %
der Menschen teilen Inhalte, ohne diese je angeklickt zu haben

Inhalten untersucht.* Das Ergebnis: 59 Prozent der Menschen teilten einen Inhalt, ohne dass dieser überhaupt angeklickt wurde. Das heißt, die große Mehrheit hat von einem Beitrag, einem Artikel, einer Bilderstrecke maximal die Überschrift gelesen – und den Inhalt ungelesen weiterempfohlen. Längst überfliegen wir nicht nur Artikel in den sozialen Medien. Die Vielzahl an Informationen visueller und akustischer Art nötigt uns zum ständigen Filtern.

Wie wir mit deren täglicher Fülle umgehen, hat die Leseforscherin Maryanne Wolf in *Schnelles Lesen, langsames Lesen** erörtert. Es gibt drei Strategien, um die Informationsflut zu bewältigen: Wir vereinfachen Sachverhalte, wir verarbeiten die Infos oberflächlicher und wir suchen die am raschesten erfassbaren Informationen aus – wenn es zu komplex wird, streiken wir. Das Überfliegen beim Lesen sei der neue Standard, urteilt Leseforscherin Ziming Lin. Was auch daran liegen kann, dass die notwendige Konzentration fehlt. Wenn schon Kleinkinder passiv einem konstanten Reizniveau ausgesetzt sind, fordern sie später ständig neue Reize. Maryanne Wolf bezeichnet dies als »einen Zustand permanenter Hyperaufmerksamkeit«. Fatalerweise wird das Gehirn durch eine Rückkopplungsschleife der Dopamin-Abhängigkeit für das andauernde Suchen nach externen Reizen belohnt. Ohne die ständigen Impulse von Smartphone & Co. empfinden dann Kinder rasch Langeweile.

Innerhalb der Leseforschung hat sich der Untersuchungsgegenstand selbst verändert: das Lesemedium. Im privaten Gebrauch, in der Ausrichtung von Bibliotheken und Verlagen, in der Bildungspolitik

ersehen auch auf Levin gezeigt, aber er hat es wahrscheinl
icht gemerkt.
Es muss doch irgendwas geben, das dich an zu Hause erin
, sagt er. »Das kann doch gar nicht anders sein, wie wär’
Beispiel mit diesem Meer hier?«, und ich denke: Erzähl ihm
s vom Wind, erzähl ihm bloß nichts vom irischen Ostsee
, und tatsächlich, Gott sei Dank, ich erwähne den Wind mi
r Silbe und sage: »Vielleicht das vorletzte Dorf, bevor da
kommt. Das Dorf mit den vielen leeren Häusern. Das is
nicht wie zu Hause, aber ein bisschen wie Irland.«

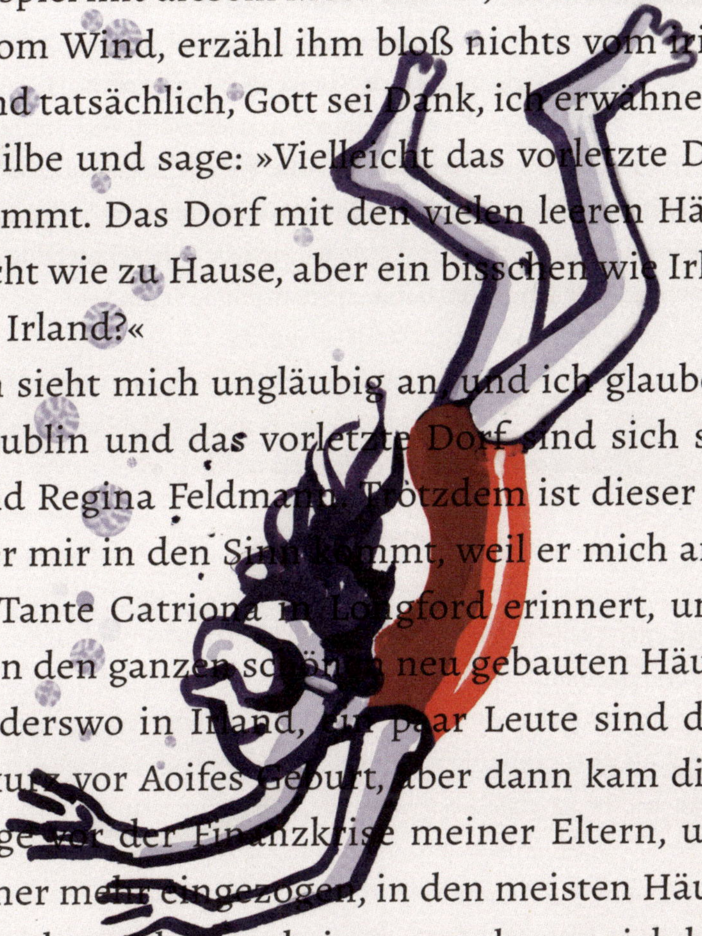

Wie Irland?«
vin sieht mich ungläubig an, und ich glaube mir ja selbe
, Dublin und das vorletzte Dorf sind sich so ähnlich wi
und Regina Feldmann. Trotzdem ist dieser kleine Ort de
der mir in den Sinn kommt, weil er mich an die Siedlun
er Tante Catriona in Longford erinnert, und ich erzähl
von den ganzen schönen neu gebauten Häusern dort un
anderswo in Irland, ein paar Leute sind da noch einge
n, kurz vor Aoifes Geburt, aber dann kam die Finanzkrise
lange vor der Finanzkrise meiner Eltern, und danach is
keiner mehr eingezogen, in den meisten Häusern hat noc
mand gewohnt und sie gammeln vor sich hin und Aunti
ona wohnt irgendwo dazwischen und geht vor Einsamkei

vin schüttelt den Kopf. »Das ist anders«, sagt er. »Ander
n ... also, sozusagen ... im vorletzten Dorf. In den leere
ern dort hat immerhin mal jemand gewohnt. Richtig echt
chen. Die sind nur alle weggezogen. Ihr habt da übrigen
dwas falsch verstanden. Man zieht nicht in diese Gegend

und Lehrmittelplanung gewinnen Smartphone, Tablet und E-Reader gegenüber dem gedruckten Buch an Bedeutung. Gleichzeitig gehen dem Buchmarkt die Käufer, den Büchern die Leser und den Lesern die Fähigkeiten verloren, sich in ein Buch – in welcher Darreichungsform auch immer – zu vertiefen. Das ist keineswegs unwichtig. Was macht das vertiefte Lesen, das »deep reading«, aus? Welche Bedeutung hat die Fähigkeit, das Gelesene mit dem in Zusammenhang zu bringen, was wir bereits zu wissen glauben? Und hat sich die eigene Lesefähigkeit in den vergangenen Jahren mit dem Smartphone verändert?

Das dauert doch alles zu lang …

Mehr und mehr haben Neurowissenschaftler herausgefunden, wie wichtig das sogenannte »Arbeitsgedächtnis« ist, das Kinder ebenso wie Erwachsene viel weniger »befüllen« als früher. Wo man sich noch vor 20 Jahren bestimmte Dinge genau einprägte, verlässt man sich heute auf die externe Festplatte: Via Smartphone und Internet sind Wissenslücken ja jederzeit zu schließen. Allerdings ziehen wir bei jeder Entscheidung ganz intuitiv nur unseren Arbeitsspeicher zurate, was auch für den Leseprozess gilt. In Nanosekunden durchforstet unser Gehirn riesige Archive von Buchstabengruppen, Assoziationen, Erinnerungen und arbeitet dabei in etwa wie die auf Wahrscheinlichkeiten hin prüfende Autokorrektur unserer Smartphones, bloß viel, viel schneller. Das heißt, zum Entschlüsseln eines Satzes braucht der

Leser ein Vorwissen, und je größer das ist und je eingeübter die Leseprozesse ablaufen, umso leichter ist es für ihn, in die Tiefen eines Textes konzentriert einzutauchen. Da wird dann jenes »deep reading« erreicht, das ganz andere Hirnareale erreicht als das nur oberflächliche Lesen; es ermöglicht uns, dass wir uns in die Figuren hineinversetzen, mit ihnen leiden, lachen, mitempfinden, wodurch Texte sehr intensiv er- und durchlebt werden.

Elementar für die Acht- bis Zwölfjährigen ist die Möglichkeit des Zurückblätterns (das bei Bildschirmen weitaus seltener genutzt wird als bei gedruckten Büchern); es ist eine zentrale Voraussetzung für den Rückblick. Anhand des Rückblicks kann der Leser überprüfen, was er vom Text begriffen hat. Rückgriffe werden auch benötigt, um Details im Arbeitsgedächtnis zu rekapitulieren und sie dann im nächsten Schritt im Langzeitgedächtnis abzuspeichern. Was wir daraus lernen? Mehr Tempo ist beim Lesen kontraproduktiv, denn es bedeutet weniger Zeit zum Verarbeiten des Gelesenen, weniger Zeit, um es mit dem eigenen Hintergrundwissen zu verknüpfen. Erst wenn das »sitzt«, geht es deutlich schneller.

Um sich selbst zu beweisen, dass ihr lediglich weniger Zeit als früher zum Lesen bleibt, ihr Verständnisvermögen dabei aber keineswegs gelitten hat, hat sich die Leseforscherin Maryanne Wolf eines der Bücher vorgenommen, die in ihren jungen Jahren großen Einfluss auf sie hatten: Hermann Hesses *Glasperlenspiel*. Das Experiment wurde zum Desaster, wie Wolf in *Schnelles Lesen, langsames Lesen** schildert. Sie liest das frühere Lieblingsbuch zu schnell, zu oberflächlich, zu ungeduldig, ohne sich zügeln zu können. Das Lesen stresst sie. Sie hasst das ehemals so bedeutende Buch, denkt, dass der Autor heute doch damit keinen Erfolg mehr haben könne, viel zu lange Sätze, er kommt nicht auf den Punkt ... Das könnte natürlich auch inhaltliche Gründe haben: Vieles ist ihr inzwischen schon so vertraut, und sie selbst hat sich stark verändert. Nach dem Lesemisserfolg aber verordnet sie sich kleinste Leseeinheiten von 20 Minuten.

Zwei Wochen dauert ihr beschwerlicher Heimweg »zu meinem einstigen lesenden Ich«, dann ist es wieder da, dieses »Verlangsamen, dann ein sich Verlieren in der anderen Welt des Buches und drittens schließlich das Entrücken aus meiner eigenen [Welt]«. Wolf findet so mit Mühe zum alten Genusslesen zurück.

Unterlegenheit des Bildschirms

Bei Leseförderern breitet sich das Gefühl aus, dass uns etwas abhandengekommen ist, das früher selbstverständlich war. Und es ist keine Frage der Bequemlichkeit, sondern hat seinen Grund in der wissenschaftlich erforschten Neuroplastizität unseres Gehirns, das sich auf Anforderungen einstellen kann – und auch darauf, wenn bestimmte Anforderungen nicht mehr bestehen. Forscher haben festgestellt, dass das Verständnis langer Informationstexte beim Lesen auf Papier besser ist als beim Bildschirmlesen, insbesondere, wenn die Leser unter Zeitdruck stehen. Weiter haben sie in der *Stavanger-Erklärung** festgestellt, dass »diese Unterlegenheit des Bildschirms gegenüber dem Papier in den vergangenen Jahren eher noch zu- als abgenommen hat, und zwar unabhängig vom Alter und von Vorerfahrungen mit digitalen Umgebungen«, und dass Leser bei der Lektüre digitaler Texte »eher zu übersteigertem Ver-

trauen in ihre Verständnisfähigkeiten neigen als beim Lesen gedruckter Texte«. Übrigens: Wenn Kindern »enhanced E-Books« angeboten werden, also solche mit allerlei digitalem Schnickschnack, befassen sie sich laut Untersuchungen ausgiebig mit diesen Abwechslung verheißenden Zusatzelementen und können nicht mehr so gut dem roten Faden der Geschichte folgen.

Bedeutung statt Schnelligkeit

130 Leseforscher aus allen Teilen Europas warnen vor einer möglichen »Verzögerung in der Entwicklung des kindlichen Leseverständnisses und der Entwicklung kritischen Denkens«, sollten Druckwerke, Papier und Stift im Primarschulbereich rasch und wahllos durch digitale Technologien ersetzt werden. In ihrer am 4. Oktober 2018 im norwegischen Ort Stavanger verabschiedeten Erklärung empfehlen sie, »dass Schulen und Schulbibliotheken die Schüler weiterhin zur Lektüre gedruckter Bücher motivieren und in den Lehrplänen entsprechend Zeit dafür vorsehen«. Aktuell fragen die Leseforscher, ob »der tendenziell stärker fragmentierte, weniger konzentrierte und eine flachere Verarbeitung fördernde Charakter des Bildschirmlesens das Überfliegen zum Standardmodus des Lesens macht, der dann auch auf das Lesen gedruckter Texte übertragen wird«. Dass »Lesen light«, das Überfliegen eines Textes, eine nützliche Fähigkeit zum Filtern von Informationen ist, steht ebenso außer Frage wie die vielen Vorteile, die

das Lesen auf dem Bildschirm mit sich bringt – von der Verknüpfung und Aktualität bis zu gezielten Fördermöglichkeiten bei bestimmten Leseschwierigkeiten. Doch »statt Kinder planlos Gewohnheiten entwickeln zu lassen, die ihrer geistigen Entwicklung schaden«, wie es Literatur- und Neurowissenschaftlerin Maryanne Wolf schildert, sollte auch am Bildschirm das Verstehen des Gelesenen überprüft und abgefragt, das Lesen auf Bedeutung hin statt auf Schnelligkeit geschult werden.

Überfliegen als neuer Standardmodus des Lesens?

Nach einer Metastudie mit 54 Untersuchungen und 170.000 Teilnehmern wird Papier weiterhin das bevorzugte Lesemedium für einzelne längere Texte bleiben, vor allem wenn es um ein tieferes Verständnis der Texte und um das Behalten geht. Außerdem ist Papier der beste Träger für das Lesen langer informativer Texte. Das Lesen (und Verstehen) langer Texte ist von unschätzbarem Wert für eine Reihe kognitiver Leistungen wie Konzentration, Aufbau eines Wortschatzes und Gedächtnis. Daher ist es wichtig, dass wir das Lesen langer Texte als eine unter mehreren Leseformen bewahren und fördern. Die entscheidenden Fragen für die nahe Zukunft lauten: Wie sehr macht das fragmentierte Bildschirmlesen das Überfliegen zum Standardmodus des Lesens, der sich auch auf das Lesen gedruckter Texte überträgt? Denn dass er es tut, steht bei Hirnforschern schon heute außer Frage. Wird unsere Anfälligkeit für Fake News, Einseitigkeit und Vorurteile durch übersteigertes Vertrauen in unsere digitalen Lesefähigkeiten verstärkt? Wenn wir Texte nur noch scannen, statt in ihre Tiefe einzudringen, empfinden wir die Auseinandersetzung mit den Inhalten als zu langwierig, zu komplex, zu schwierig – und geben uns mit einer schnellen Lösung zufrieden. Was können wir tun, um vertieftes Lesen von Texten zu fördern? Der Leseprozess ist im Wandel.

LESEN ALS POLITISCH RELEVANTES THEMA

Der Digitalpakt stellt für ganz Deutschland enorme Summen für mehr Bildschirmzeit zur Verfügung. Hauptförderer ist Bitkom, der »Bundesverband Informationswirtschaft, Telekommunikation und neue Medien«, ein Zusammenschluss von mehr als 2600 Unternehmen mehrheitlich aus der deutschen Digitalwirtschaft. Nur etwa 8 Prozent der Mitglieder kommen aus den USA. Das klingt nach wenig, aber wenn man nicht auf die reine Mitgliederzahl schaut, sondern wer diese 8 Prozent sind, die sich neben den deutschen Mittelständlern engagieren, dann sind Zweifel an der Lauterkeit des Digitalpakts angebracht: Amazon, Apple, Cisco, ebay, Facebook, Google, Hewlett Packard, IBM, Intel, PayPal, Xerox und Microsoft – die Hechte im Karpfenteich in Sachen Umsatz, Macht und Marktbeherrschung.
Begriffe wie »Lesen« und »Bücher« kommen in den Grundsatzpapieren der Bitkom nicht vor. Wo ist also das Pendant zu Bitkom, das sich für bildschirmfreie Leseförderung einsetzt? Wie wäre es mit Litkom? Dringend notwendig ist nämlich ein Lesepakt, der professionelle Leseförderung ermöglicht, im Sinne von Kirsten Boies Initiative »Jedes Kind muss lesen lernen«*. Die Maßnahmen sind längst bekannt: zusätzliche Lehrer als Lesewegbegleiter, Kompetenz und Zeit für Individualförderung, Einsatz wirksamer Methoden wie das Simultan- und Tandemlesen u. v. m. Leseförderung braucht Ausdauer und Vielfalt, angefangen bei der Einrichtung von Leseecken in allen Schulen mit flächendeckender Ausstattung zur Leseförderung inklusive Büchereien, auch um Übergänge von der Schullektüre zum Freizeitspaß besser zu gestalten. Für eine demokratische, offene Gesellschaft muss »Lesen lernen« ein ebenso politisch relevantes Thema werden wie Agrarsubventionen, Integration oder Mietpreisbremse.

KAPITEL 8

»Keiner versteht mich«

Wenn die Lesekrise kommt

Man weiß nie, wann Pubertätshormone plötzlich an die Tür klopfen. Man kann aber davon ausgehen: Es wird ein Moment sein, an dem es definitiv nicht passt. Pubertätshormone haben einen sechsten Sinn dafür. Ein verqueres Gespür für Timing. So ein Moment kann etwa der letzte Abend einer Fünftklässler-Klassenfahrt sein: Eigentlich hat sich die bunte Truppe von Neulingen in der weiterführenden Schule gerade zu einer Gemeinschaft geformt. Und das, obwohl die Zehn- bis

Elfjährigen sehr unterschiedlich sind: Die einen flüstern beim Schlafengehen noch treuherzig mit ihrem Kuscheltier, andere tauschen von Stockbett zu Stockbett coole Schminktipps aus.

Doch jetzt stürzt die Klassenstruktur in sich zusammen wie ein Kartenhaus: Schreiend stürzen ein paar Mädchen aus der Abschluss-Disco, rennen wie Furien durch die Flure. Ihre Klassenkameraden sind verdattert, fürchten sich regelrecht vor ihren Mitschülerinnen. Nach einem langen pädagogischen Löscheinsatz ist zwar nichts wirklich geklärt, aber immerhin sind alle so müde, dass sie einschlafen.

Zwei Tage später, zurück in der Schule, knistert es im Klassenraum vor Spannung: Die bereits am Morgen nach dem Ausbruch sich wieder völlig normal verhaltenden Mädchen haben nämlich versprochen, ihr Verhalten zu erklären. Jetzt tritt eine von ihnen nach vorne, atmet hörbar ein und verkündet: »Wir haben lange nachgedacht und müssen leider sagen: Wir wissen auch nicht, was mit uns los war.«

Pubertät ist, wenn einen niemand versteht. Sich selbst eingeschlossen. Eine harte Zeit. Für alle Beteiligten. Wer regelmäßig mit Pubertierenden konfrontiert ist, kann das Pubertäts-ABC im Schlaf mitmurmeln: von A wie »antriebslos« bis Z wie »zickig«. Angeblich wurden

in manchen schamanischen Kulturen Pubertierende aus dem Dorf geschickt, damit sie in der Wildnis ihr Totemtier jagen und so zu sich selbst finden konnten. Wir dagegen pferchen sie zu dreißigst in Klassenräume ein und inszenieren Unterricht als »business as usual«. Obwohl ständig Hormone gegen die Klassentür hämmern und – ohne ein »Herein!« abzuwarten – einfach eintreten und mitmischen.

Leseförderung ist in dieser Zeit eine echte Herausforderung. Hier verortet die Lesesozialisationsforschung den »zweiten Leseknick«: »Die Leseintensität lässt in der Pubertät fast dreimal so stark nach wie in den Jahren zuvor«, fasst etwa die Autorin Katrin Müller-Walde* die Messdaten zusammen. Den Verlauf der Lesekrise beschreibt die Forscherin Cornelia Rosebrock in ihrem Aufsatz *Lesesozialisation und Leseförderung** so: Ab dem zwölften Lebensjahr nehmen Lesebereitschaft und das tatsächliche Lesen ab. Mit etwa 14 Jahren findet ein

weiterer Abfall statt. Die Talsohle ist in der 8. bzw. 9. Klasse erreicht: Etwa zwei Drittel der Jugendlichen haben jetzt das Freizeitlesen fast eingestellt. Ab dem 17. Lebensjahr findet wieder ein Anstieg des Leseinteresses statt – allerdings ist die Gruppe der Leser nun wesentlich kleiner als vor Beginn der Pubertät.

Wie äußert sich die pubertäre Lesekrise? Zum einen darin, dass Eltern und Lehrkräfte seltener zum Lesen motivieren können: Ihre Vorbildwirkung verblasst. Freunde werden dafür als Orientierungshilfe noch wichtiger. Hinzu kommt die Auswahl des Lesestoffs (dazu mehr im nächsten Kapitel). Hier nur so viel: Viele Pubertierende verstört es, dass Lesestoff, der früher bei ihnen »gezündet« hat, jetzt auf einmal reizlos wirkt. Sie setzen gerade andere Prioritäten. Damit tritt – überspitzt gesagt – das Gefühl »Lesen ist Babykram« ein.

Auf die Erfahrungen der Romanfiguren zurückgreifen

Dabei lassen die Lese-Abstinenten einen nützlichen Wegbegleiter in Richtung Erwachsenwerden links liegen. Denn aus entwicklungspsychologischer Sicht bereichert Lesen in ganz vielfältiger Weise die Persönlichkeit. Der Deutschdidaktiker Kaspar Spinner hat diesen Punkt in seinem Artikel *Handlungs- und produktionsorientierte Verfahren im Literaturunterricht** besonders klar herausgearbeitet: Literarisches Verstehen kann die Imaginationsfähigkeit fördern. Und Imagination wiederum ist für ihn das »Vermögen des Menschen, das ihm zeigt, dass man nicht auf die Erfahrungen im unmittelbaren Hier und Jetzt beschränkt ist«. Mit anderen Worten: Literatur kann eine Brücke in eine andere Welt sein, in eine Welt der vielen Möglichkeiten, nach der viele Jugendliche in dieser Phase mehr oder weniger bewusst suchen. Nicht aus Ablenkung oder eskapistischen Zügen, sondern um in der Literatur bestimmte Momente, Probleme, entscheidende Fragestellungen und Situationen schon »vorzuerleben«. Hier findet eine Identitätsstärkung statt. Wie die Verlegerin Heidi Oetinger einmal so schön gesagt hat: *»Wer liest, hat mehrere Leben.«*

Um die Sache mit der Identitätsstärkung leichter nachzuvollziehen, ist ein Ausflug in das theoretische Umfeld von Pädagogen wie Spinner hilfreich. In der Denkschule der Rezeptionsästhetik bzw. des Konstruktivismus ist der Leser eines literarischen Textes nicht einfach passiver Empfänger einer Botschaft. Er gestaltet vielmehr aktiv die Sinnbildung des Textes mit: Es ist der Leser, der letztlich mithilfe seiner Imaginationsfähigkeit und seiner Kreativität auf Basis des Textes den »Sinn« des Textes erzeugt. Er ist also mindestens Co-Autor. Diese Fähigkeit der ganzheitlichen Texterschließung wird durch moderne handlungs- und produktionsorientierte Unterrichtsmethoden gefördert: Schüler erschließen sich Kafkas *Verwandlung* nicht mehr vorrangig dadurch, dass sie im vom Lehrer möglichst stark gelenkten Gespräch den mutmaßlich von Kafka gemeinten Sinn des Textes freilegen. Es geht jetzt vielmehr darum, Bedeutungs-»Leerstellen« eigenständig zu füllen, die dieser Theorie zufolge jeder literarische Text enthält.

Das bedeutet nicht pure Träumerei, denn dieses eigenständige Füllen muss ja den Signalen der Textvorlage gerecht werden. Aber bei handlungs- und produktionsorientierten Verfahren wird einem Reflex entgegengewirkt, der viele Schüler immer wieder lähmt und verkrampft: das Gefühl, nicht »das Richtige« zu treffen, wenn man sich mit einem Text beschäftigt.

Auf dieser Basis ist moderner Deutschunterricht immer häufiger – auch im Sinne vieler Lehrpläne – ein Werkstatt-orientierter Vorgang: Da verwandeln sich beispielsweise Schüler in lebende Standbilder und präsentieren Szenen aus *Nathan der Weise*, indem sie wie Straßenkünstler in Fußgängerzonen vor ihren Mitschülern regungslos posieren. Da werden Filme auf Basis von Gedichten gedreht, Dramen-Enden umgeschrieben und vieles mehr.

All diese Methoden sind jedoch keine Wundermittel: Auch heutzutage ist Deutschunterricht mit Pubertierenden meist keine charismatische Sequenz aus dem Erfolgsfilm *Der Club der toten Dichter*, sondern oft nüchterner Schulalltag. Die Bilanz der neuen Verfahren ist somit gemischt: Auch Kaspar Spinner verweist auf eine Untersuchung, der zufolge handlungs- und produktionsorientierte Methoden die Lesemotivation nicht automatisch effektiver steigern als traditionellere Unterrichtsmodelle. Das liegt sicher an der Tagesform von Lehrkräften und Schülern. Und nicht zuletzt am Lesestoff selbst.

LESETIPPS, DIE DIE STOFFE JENER LEBENS- (UND LESE-)KRISE THEMATISIEREN

- Will Gmehling: ***FREIBAD. EIN GANZER SOMMER UNTER DEM HIMMEL***, Peter Hammer Verlag, 156 S., ab 9
- Martin Muser: ***KANNAWONIWASEIN. MANCHMAL FLIEGT EINEM ALLES UM DIE OHREN***, Carlsen, 158 S., ab 9
- Erna Sassen: ***EIN INDIANER WIE DU UND ICH***, Freies Geistesleben, 124 S., ab 9
- Tamara Bach: ***WÖRTER MIT L***, Carlsen, 172 S., ab 10
- Simon van der Geest: ***DAS ABRAKADABRA DER FISCHE***, Thienemann, 318 S., ab 10
- Judith Burger: ***ROBERTA VERLIEBT***, Gerstenberg, 196 S., ab 10
- Anne Fleming: ***ZIEGEN BRINGEN GLÜCK***, Carlsen, 156 S., ab 10
- Lena Hach: ***GRÜNE GURKEN***, Mixtvision, 224 S., ab 11/12

KAPITEL 9

Lesen ohne Stundenplan

Schullektüre oder Freizeitspaß?

Langweiliger Literaturunterricht – dieses Thema hat den ebenso lesebegeisterten wie von der Schule desillusionierten jungen Hermann Hesse zweifellos in Rage gebracht. In der Schule werde Homer gelesen, *»wie wenn die* Odyssee *ein Kochbuch wäre«*, höhnt die Rebellenfigur Hermann Heiler in Hesses Erzählung *Unterm Rad*. Und bemängelt das Sezieren von nur zwei Versen in einer Schulstunde, wo *»Wort für Wort wiedergekäut und untersucht«* werde.

Seit diesem Wutausbruch sind über 100 Jahre vergangen. In Schule und Gesellschaft hat sich viel verändert: »Lesefreude« ist ein Lehrplanziel. Projekte machen Frontalunterricht Konkurrenz. Literarisches Lernen geschieht auch per Film, Comic oder Blog. Und nicht zuletzt können freche Methoden literarischen Lernens ein Millionenpublikum richtig begeistern – das zeigt der flippige Deutschlehrer »Herr Müller« im Kinoerfolg *Fack ju Göhte*.

Storytelling hilft

Trotzdem würde Hesse vermutlich auch den heutigen Deutschunterricht oft als demotivierend empfinden. Und vielleicht sogar ganz trendbewusst mit einem süffisanten YouTube-Video gegen die Kultusministerkonferenz (KMK) sticheln: Das Berliner Bürogebäude der KMK solle besser wieder zu dem werden, was es einmal war – eine Brauerei. Am Beispiel von Starköchen wie Jamie Oliver und anderen Top-Autoren in diesem Bereich würde das Video etwa darlegen: Seit Kaiser Wilhelms Zeiten haben Kochbücher in Sachen Coolness-Faktor, verglichen mit Schullektüre, einen viel erfolgreicheren Image-Sprung hinbekommen. Daher würde er den Deutsch-Didaktikern unter die Nase reiben: Heute könne man eigentlich froh sein, wenn Schüler *Effi Briest* oder *Faust* für Kochbücher halten würden.

Als zünftiger bildungspolitischer Aktivist hätte Hesse sicher viele Fakten präsentiert. Der Leseforschung zufolge vertreten selbst Schüler

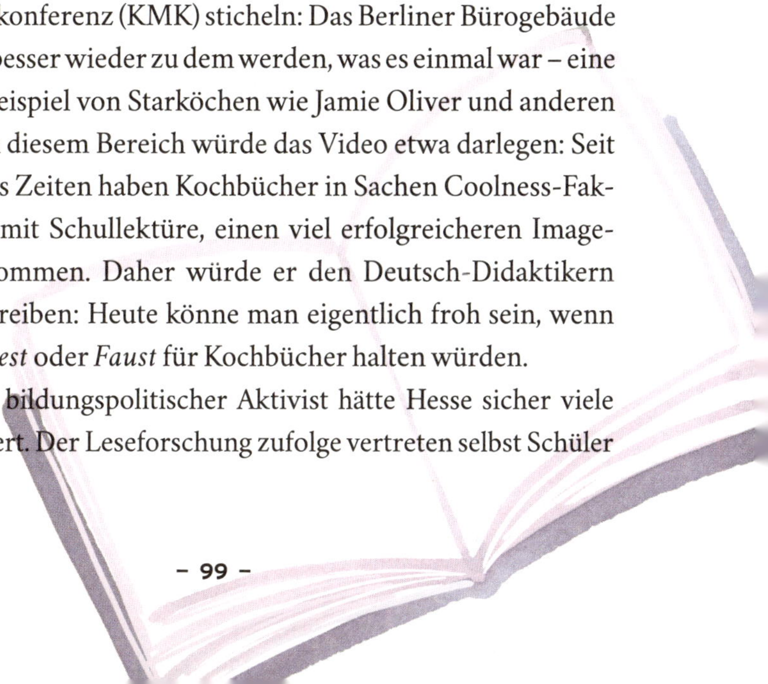

mit ausgeprägter Freizeitlektüre in der Altersstufe 7. bis 10. Klasse die Ansicht, dass in der Schule nur »langweilige« Texte gelesen werden. Bei weniger lesemotivierten Schülern sind es fast 100 Prozent. Das resultiert aus den Erfahrungen der Jahre vor der 7. Klasse. Und die Expertin Cornelia Rosebrock*, die sehr differenziert Potenzial und Handlungsbedarf schulischer Leseförderung in den Blick nimmt, schreibt dazu: »Vermittlungsprozesse von Interpretationswissen scheinen den Literaturunterricht nach der Grundschule noch immer zu dominieren.« Für die literarische Sozialisation seien diese jedoch »relativ erfolglos«.

»Heul doch, Steppenwolf!« – so frech würde die KMK ihr Antwort-Video auf Hesses Kritik wohl nicht betiteln. Sie würde eher mit der

Kommunikationsstrategie »Theoretisch zumindest sind wir definitiv nicht von gestern« das Einmaleins des modernen, kompetenzorientierten Bildungsstandards erklären. Es bietet in der Tat, wie im vorangehenden Kapitel erwähnt, viele Perspektiven für innovativen Unterricht. Nicht mehr der Unterrichtsgegenstand soll im Mittelpunkt stehen, sondern der Schüler. Er soll in seiner Lebenswelt abgeholt, seine Fähigkeiten sollen entwickelt werden. Was würde das für Hesses geliebten Homer bedeuten? Er würde nun in der Schule idealerweise so gelesen werden, als wäre die *Odyssee* ein ebenso faszinierendes wie alltagstaugliches Tutorial zum Thema »Survival und Sinnsuche«. Ein Text, der einem durch gekonntes »Storytelling« – also das Erzählen einer anschaulichen, lebendig formulierten Geschichte, um andere neugierig zu machen – hilft, den Wahnsinn der Welt und das Chaos in sich selbst besser zu verstehen.

Privates Lesen wird lustvoll inszeniert

Wird also alles gut, wenn sich diese neuen Ansätze stärker durchgesetzt haben? Gegen solche (zu) optimistischen Wunschvorstellungen sprechen psychologische Erkenntnisse: Mit der Pubertät verändert sich der Blick auf Lesewelten so radikal, dass auch moderne Leseförderung harte pädagogische Arbeit bleiben wird. Und zwar ohne Erfolgsgarantie.

Wenn einem Vollmilch-Schokoriegel plötzlich zu süß sind und man edles Feinherb immer noch ungenießbar findet, kann einem die ganze Schoko-Branche gestohlen bleiben. So ähnlich sieht das Verhältnis vieler Pubertierender zum Thema »Lesestoff« aus. Laut Leseforschung heißt das: Kindheitslektüre wird nun unbefriedigend. Denn dort geht es um kindliche emotionale Belohnungsmuster (sogenannte Gratifikationen). Konkret: Man ist für eine Weile Prinzessin, Detektiv, Fußballcrack. Und glücklich dabei. Das funktioniert etwa Rosebrock zufolge in der Pubertät nicht mehr so einfach. Und dennoch sei es so, dass Pubertierende ganz ähnlich wie Grundschulkinder am liebsten lustvoll in Geschichten versinken würden. Fragt man in einer Klasse nach, spiegeln die Antworten von motivierten Freizeitlesern genau dieses Phänomen wider: *»Für mich ist Lesen ein Zufluchtsort«*, heißt es da. Oder: *»Ich begebe mich in eine Traumwelt und blende alles andere aus.«* Insbesondere das Genre der Fantasy-Literatur bietet dafür viele Ansatzmöglichkeiten und ist nicht zuletzt deshalb bei Kindern so beliebt. Oder: *»Für mich ist Lesen etwas ganz Privates.«*

Das private Lesen außerhalb des Stundenplans wird oft lustvoll inszeniert: Es gibt die Lieblings-Leseecke im Garten, die Kuscheltiere als heimliche Zuhörer, einen Sessel zum Lesen und Lümmeln, manche zünden eine Duftkerze an oder kochen sich einen Tee. Atmosphäre ist also ganz wichtig. Diese kleinen Rückzüge gehören zum Alltag dazu – denn nach dem genussvollen Lesen wird wieder mit den Freunden gechattet.

Eintauchen in die Welt der Möglichkeiten

Was passiert beim Freizeitlesen? »Ich stelle mir bei den Figuren vor, wie sie aussehen, sich fühlen, verhalten. Sie sind meine Freunde«, beschreibt eine Sechstklässlerin ihre Identifikation mit den Heldinnen der Bücher. *»Lesen ist für mich wie ein Abenteuer, es ist aufregend, weil man von Seite zu Seite der Fantasie freien Lauf lassen kann«*, meint ihre Freundin, und ein Klassenkamerad ergänzt: *»Das Gute an den Büchern zu Hause ist doch, dass ich lesen kann, was mich interessiert, und nicht, weil man etwas lesen* muss.*«* Das Wegfallen von Zwang und das im Vordergrund stehende Eigeninteresse sind bei

Umfragen die Hauptargumente für den Lesespaß: nicht das lesen, was anderen gefällt, sondern einem selbst. Freizeitlektüre ist eine persönliche Angelegenheit, und nicht immer tauscht man sich darüber aus – eben weil sie etwas Privates ist. Was in diesem Alter wichtig ist: das »Vor-Erleben«. Das erste Herzklopfen, Kribbeln im Bauch, verliebte Blicke, der erste Kuss: Leserinnen und Leser nehmen sehr genau wahr, was in ihren Buchfiguren vor sich geht, wie sie himmelhoch jauchzend an der Gardine schaukeln oder voller Herzschmerz leiden – oft mit dem Gedanken: »Aha, so könnte das also gehen, so würde ich mir das auch wünschen« oder »So will ich das auf keinen Fall«. Diese Momente arbeiten im jungen Leser – darüber reden möchte er erst mal nicht. Das Ganze muss sich erst sortieren.

Oder wie man sich in unbekannten Situationen verhält: Wie macht das die Heldin unterwegs auf Reisen? Wie kommt sie klar, wenn sie drei Wochen von zu Hause weg ist und bei einer Freundin übernachtet? Wie läuft das Leben in anderen Familien, bei einem alleinerziehenden Vater, bei einer Familie mit drei Kindern, bei Patchwork-Familien? Wie kommt man mit einem Stiefbruder klar, wie mit einem Nachzügler-Baby? Allein durch die gedanklichen Auseinandersetzungen mit diesen Themen oder auch dem Themenkreis Verlust, Sterben, Trauer fühlen sich nach eigenen Aussagen viele Kinder fürs Leben ein bisschen besser »gerüstet« – eben weil man darüber nicht mit den Eltern oder gleichaltrigen Freunden spricht. Weil ihnen bewusst ist, dass die Figuren und Handlungen fiktional sind, können sie »leichter« damit umgehen. Es bleibt immer eine Welt der Möglichkeiten – die jedoch mehr mit dem Alltag zu tun hat, als man sich wegen der oft fantastischen, teils auch exotischen Settings vorzustellen vermag. Diese Fähigkeit, sich in andere Menschen gedanklich hineinzuversetzen, wird durch die Lektüre von Romanen befördert. Und: Empathie fördert das Zusammenleben von Menschen.

ES GIBT NICHT DAS KIND

Das selbstbestimmte, freiwillige (und das meint: ohne Druck von außen) Lesen in der Freizeit wird durchgängig als positiv empfunden. Das »Versorgen mit Lesestoff«, die »altersgerechte Lektüre«, die »zielgruppenorientierte Leseransprache«, die »leseförderndern Buchreihen«: All das negiert die Individualität des einzelnen Lesers mit all seinen ihm eigenen Voraussetzungen, Fähigkeiten und Vorlieben. »Hier offenbart sich ein letztlich dirigistisches Erwachsenendenken, das Begegnungen regeln will, Begegnungen zwischen Mensch und Kunstprodukt«, analysiert Prof. Klaus Doderer sehr deutlich in seinem Essay *Die umzäunte Phantasie. Anmerkungen zur Frage »Was ist Kinderliteratur?«** und wendet sich gegen ein Schubladendenken: ***»Aber ist der Raum ästhetischer Erfahrung durch solche Strategien regulierbar? Es gibt nicht das Kind, weder das im Vorschulalter noch das in der Pubertät oder das mit zehn, den Jungen oder das Mädchen. Genauso wenig gibt es den Erwachsenen schlechthin.«*** Auch die schematischen Konzepte von Lesealtern sind längst obsolet geworden (etwa das Abenteuer- oder Robinson-Alter von 7 bis 12 Jahren oder das Dramen- und Balladenalter von 12 bis 15 Jahren), zumal gerade in der Grundschule sowohl die Lesefähigkeiten als auch Interessen weit auseinandergehen können.

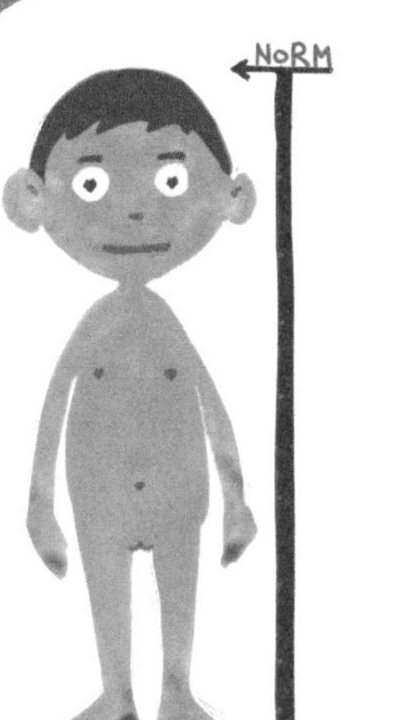

VERBOTENES LESEN

Fragt man alte Leute nach Kindheitslektüren, so erzählen sie häufig vom heimlichen Griff in die elterlichen Bücherschränke. Lesestoff, der »altersmäßig« gar nicht für den Nachwuchs bestimmt zu sein scheint, hat schon immer einen besonderen Reiz ausgeübt. Ob die Lektüre Schaden anrichten könnte, darüber gibt es unterschiedliche Ansichten. Der 1908 geborene Schriftsteller Peter de Mendelssohn durfte alles lesen, was in der elterlichen Bibliothek stand; wenn er es nicht verstehen würde, solle er das Buch einfach wieder zurückstellen, meinte sein Vater; es gebe kein Buch, von dem ein Kind überhaupt nichts verstünde. Der schwedische Jugendstilmaler Carl Larsson erlaubte seinen Kindern ebenfalls das Lesen aller Bücher im Haus und hatte die »sehr erwachsenen« Bücher ganz oben ins Regal gestellt: Wenn die Kinder groß genug seien, um sich die Bücher aus dem Regal zu holen, wären sie auch reif genug, sie zu lesen, meinte er. Nach demselben Prinzip verfährt auch die Buchhandlung Lünebuch in Lüneburg mit ihrem Manga-Regal: Um an die »erwachseneren« Manga für die Älteren oben heranzukommen, muss man zentimetermäßig wirklich groß genug sein.

Das Klischee vom Nerd-Leser

Es ist noch gar nicht so lange her, da haben Kinder freiwillig in der Nacht vor Buchhandlungen kampiert, um zu den Ersten zu gehören, die den neuen »Harry Potter«-Band lesen konnten. Klingt nerdig, oder? Dann haben auch noch einige in Foren Verbesserungsvorschläge für die vorliegende Übersetzung gemacht, weil sie fanden, das sei im

DE SADE

Original viel besser erzählt. Das ist noch nerdiger. Aber beides sorgte dafür, dass Lesen ein Gemeinschaftserlebnis war und junge Menschen sich über Bücher unterhielten. Die einen vor der Buchhandlung, alle auf dem Schulhof und einige im Internet. Sie haben das Lesen aus der stillen Ecke, dem verträumten Abtauchen in eine ferne Buchwelt, herausgeholt.

Lesen und Bücher können Auslöser für soziales Miteinander sein, den Austausch fördern und Menschen zusammenführen. Forscher schätzen das Potenzial »außerschulischer literarischer Anschlusskommunikation«, wie das Über-Bücher-Reden im Wissenschaftsdeutsch heißt, größer ein als das der Diskussionen im Deutschunterricht. Dieser Ansatz lässt sich auch in festen Gruppen umsetzen, zum Beispiel in Leseclubs in der Schule, in Bibliotheken oder in Buchhandlungen. Wer sich lieber digital tummelt, findet im Netz Communities wie lovelybooks.de – da gibt es jede Menge Möglichkeiten, sich über Bücher auszutauschen.

Lesen ist also Lesen und etwas, worüber man mit anderen sprechen kann. Und plötzlich werden Bücher sichtbar, werden zu einem wichtigen Teil des Lebens, was man auch nach außen zeigt. Und sei es nur in einem Posting auf Instagram, wo man seinen aktuellen Lesestoff »instagrammable« präsentiert. Wer so mit Büchern umgeht, der ist kein Nerd, sondern ein cooler Typ, der was in der Birne hat. Der weiß, worum es geht. Das alles können Bücher! Und wenn kein Leseclub in der Nähe ist? Einfach einen gründen, auf www.leseclubs.de finden sich alle wichtigen Informationen dazu.

KAPITEL 10

Freunde fürs Leben

Warum Serien so großen Anklang finden

Vorsicht: Suchtpotenzial! Nein, wir sprechen hier nicht von zuckerhaltigen Lebensmitteln, alkoholischen Getränken oder bewusstseinserweiternden Drogen. Obwohl, das Bewusstsein erweitern, Horizonte öffnen – das können Bücher. Wenn man denn zu einem greift und das richtige findet. Laut einer Studie des Max-Planck-Instituts für Bildungsforschung Berlin nimmt die Lesekompetenz von Kindern in den Klassenstufen 3 bis 6 zu – die Lesemotivation hingegen nimmt ab. Für

Experten scheint der berühmt-berüchtigte Leseknick unvermeidlich (siehe Kapitel 5). Die frohe Botschaft geht dabei unter: Hat sich ein positives Leseverhalten vorher weitestgehend gefestigt und wurde Lesen schon einmal als Genuss empfunden, können Jugendliche später auf ihre erworbene Kompetenz aufbauen.

Diese Kompetenz gilt es in jungen Jahren zu verankern und lustvoll zu gestalten. Laut der aktuellen KIM-Studie* lesen Kinder in diesem Alter vor allem Serien: Neben »Harry Potter« (nach wie vor auf Platz 1) folgen »Gregs Tagebuch«, »Die drei ???«, »Schule der magischen Tiere«, »Mein Lotta-Leben« und »Bibi und Tina«. Der Spitzenreiter sticht nicht nur vom Umfang der einzelnen Bände hervor, sondern auch, weil Harry und seine Freunde älter werden und sich weiterentwickeln. Normalerweise altern die Heldinnen in Serien nicht, bei »Schule der magischen Tiere« beispielsweise wird ganz bewusst auf eine Altersnennung verzichtet. Damit bleiben die Leser so lange bei den Geschichten, wie sie ihnen gefallen; das Alter wird gedanklich an das eigene angepasst. Die Bücher könnten also rein theoretisch zu einem ständigen Begleiter werden.

Vertraute Figuren und Schauplätze

Gewohnheiten geben Sicherheit, Vertrautes stärkt. Darin liegt schon mal ein Grund für den Erfolg guter Serien. Hat das Kind einen Titel einer Serie gelesen und für gut befunden, kennt es das Setting der Ge-

schichte, die Figuren, den Spannungsbogen, die Sprache. Die Helden werden zu geliebten Freunden, die Bösewichte zu geliebten Feinden. Das Kind muss sich nicht jedes Mal neu auf die vom Autor geschaffenen Welten einstellen, sondern hat diese längst mit seiner Fantasie gefüllt und kann sie bei weiterer Lektüre sogar noch anreichern. Zudem kann es sich stärker auf den Text konzentrieren.

Bei den Kriminalgeschichten der seit Jahren erfolgreichen »Die drei ???«-Serie kommt noch das Moment des Mitknobelns hinzu. Die ersten Bände verfolgt das Kind vielleicht einfach nur gespannt, ist gebannt von dem Fall und fasziniert, wie clever Justus, Peter und Bob sind. Aber dann wird mitgerätselt, die versteckten Hinweise werden entdeckt, scheinbar Nebensächliches wird als wichtig entschlüsselt, und wenn der Leser, die Leserin nicht an der Nase herumgeführt wird und gut kombiniert hat, ist er/sie gleichauf mit den jungen Detektiven oder gar um eine Nasenlänge voraus. Kinder machen lesend das, was Tausende von Zuschauern sonntagabends um 20.15 Uhr zum »Tatort« vor den Fernseher lockt. Und hier wie dort gibt es das verbindende Element mit Gleichgesinnten. Man kann sich austauschen. Und die Bücher sogar tauschen.

Da Serien schon allein durch ihren wiederkehrenden Charakter über längere Zeit einen größeren Verbreitungsgrad finden als Einzeltitel, kann man bei Serien sogar von identitätsstiftender Literatur sprechen: »Meine« Leser-Peergroup, »meine« Community hat ein gemeinsames Interesse. Die Serie bietet Gesprächsstoff und Gesprächsanlass, ich habe anderen gegenüber Insider-Wissen, fühle mich aufgehoben und zugehörig. Findet sich die Serie im Medienverbund in verschiedenen Formen erfolgreich wieder, etwa als Hörbuch, Fernseh- oder Kinofilm, weiß sich das Kind in einer noch größeren Gruppe Gleichgesinnter aufgehoben. Das kann so weit gehen, dass die Fans bis ins Erwachsenenalter mit dabei sind. Bei den »Drei ???« lesen Oliver Rohrbeck, Jens Wawrczeck und Andreas Fröhlich die Hörbücher ein – seit 1979: Ihre Figuren Peter, Bob und Justus durften, anders als bei »Bibi Blocksberg« oder »TKKG«, ein bisschen mitwachsen, sie verlieben sich, machen Führerschein, gehen aber immer noch zur Schule. Zu jüngeren Hauptfiguren würden die Stimmen der Mittfünfziger auch nicht mehr passen. Von ihren Fans werden die neuen Folgen inzwischen auf Spotify abgerufen, die drei Sprecher gehen regelmäßig auf Tournee, von jedem Hörspiel sind schon nach drei Monaten rund 100.000 Stück verkauft. Von den »Drei ???« gibt es zudem Ableger: In

»Die drei ??? Kids« sind die drei Detektive zehn Jahre alt und sprechen somit ein jüngeres Lesepublikum an, bei den »Drei !!!« betätigen sich drei Mädchen als Detektivinnen in einer deutschen Großstadt. So erfolgreich, dass sie mittlerweile den Weg ins Kino gefunden haben.

Bloß keine Zwangsbeglückungen

In den bekannten Geschichten und Erzählmustern kommt ein Kind lesend schneller voran als in immer wieder neuen Büchern; es liest also mengenmäßig mehr und kann dadurch seine Lesekompetenz festigen. Auch wenn Forscher noch nicht genau sagen können, ob eine erhöhte Lesekompetenz das Viellesen fördert oder das Viellesen zu einer erhöhten Lesekompetenz führt, ist erwiesen, dass beides auf jeden Fall zusammenhängt.

Bei der Lektüre von Serien ist es wie bei gutem Essen: Eine Weile lang isst man es genussvoll und auch gerne immer wieder, aber irgendwann braucht man Abwechslung. Wenn das Kind die Muster einer Serie durchschaut hat, den Spannungsbogen und das Handeln der Figuren so weit vorausahnt, dass überhaupt nichts Überraschendes mehr bei der Lektüre geschieht, kann es sich zwar noch eine Weile bequem durch die Bücher fressen, aber über kurz oder lang ist das Sättigungsgefühl erreicht. Spätestens wenn Langeweile auftritt, ist das Kind zum nächsten Schritt bereit. Dann heißt es: Her mit einer neuen Serie oder hin zu leckeren Kinderromanen!

Lesekompetenz entsteht durch Lesemotivation und Lesemotivation durch Auswahlmöglichkeiten: Es braucht ein reichhaltiges Angebot vonseiten der Verlage, Eltern, Schulen, Bibliotheken, Buchhandlungen. Daniel Bogdanov aus der Buchhandlung Buchplatz in Frankfurt am Main ist immer wieder überrascht, dass viele Kinder gar nicht wissen, woher sie überhaupt ein Buch bekommen können. *»Die wissen, die Brötchen hole ich beim Bäcker, meine Kaugummis bei Rewe – aber Bücher?«* Allerdings entsteht die Lesemotivation nicht allein aus der Bandbreite der zur Auswahl stehenden Bücher, sondern auch durch die Freiheit, die dem Kind bei der Wahl seines Lesestoffs gelassen wird. »Viele Kinder, die zu uns kommen, sind hörige Zwangsleser«, formuliert Bogdanov pointiert. Die Kinder lesen das, was sie von ihren Eltern und Lehrern in die Hand gedrückt bekommen.

Natürlich darf man Vorschläge machen, auf Titel hinweisen. Drängt man aber das Kind zu einem bestimmten Titel, folgen oft Gegenreaktionen und Abwehrhaltungen. Genau wie Erwachsene möchten auch Kinder gerne lesen, worauf sie selbst Lust haben. Gerade für das Selberlesen muss der Wunsch nach genau diesem einen Buch da sein.

Über den Buchdeckel hinaus: Beziehungen zu Serienhelden

Wie wichtig Serien und Mehrteiler sind, zeigt ein Blick auf die Bestsellerlisten des Kindermagazins *Zeit Leo*: Serien dominieren. Jeff Kinney ist auf der Liste mit dem jeweils neuesten »Greg«-Band und seit Frühjahr 2019 auch mit dem ersten Band von »Ruperts Tagebuch« gut vertreten. Rupert ist Gregs bester Freund. In der Film- und Fernsehbranche würde man von einem Spin-off sprechen, wenn eine Nebenfigur aus einem erfolgreichen Film oder einer Serie zur Hauptfigur einer eigenen Produktion wird. So auch der Untertitel: »Zu nett für diese Welt: Jetzt rede ich!« Jeff Kinneys Verdienst ist es, den Comic-Roman als Form populär gemacht und insbesondere Jungs als Leser damit erreicht zu haben. Mit weitreichenden Folgen, wie ein anderer Titel auf der Bestsellerliste zeigen wird.

Für die jüngeren Leser findet sich Ingo Siegners »Der kleine Drache Kokosnuss«. Dieser Drache ist zu einem sogenannten »Character« geworden, einer Figur mit einem fest umrissenen Eigenleben. Er ist

Held in unterschiedlichen Buchformaten, vom Bilderbuch bis zum Kinderroman, aber auch in anderer Form im Kinderzimmer angekommen. Kinder können sich in Kokosnuss-Bettwäsche kuscheln und kleine Wunden bei Bedarf mit Kokosnuss-Kinderpflaster überkleben. Auf vielfältige Weise können sie schon im Vorschulalter mit dem mutigen kleinen Drachen auf Abenteuerjagd gehen und auch über Buchdeckel hinaus eine Beziehung zu diesem schuppigen Wesen pflegen. Die Abenteuer des Drachen passen sich entsprechend dem Lesealter an, werden umfangreicher und komplexer. Doch die Charaktereigenschaften der Figur bleiben stets erhalten.

Nicht nur Jeff Kinneys Tagebücher sind erfolgreich, sondern auch die der zehnjährigen Lotta – aktuell ist sie bei Band 15 angelangt. Die Bücher von Alice Pantermüller und der Illustratorin Daniela Kohl sind noch näher dran am Comic, voller kleiner Vignetten und Krakeleien, die den spielerischen Charakter dieser vermeintlich »echten« Mädchen-Tagebücher verstärken und Lotta zu einer Buchfreundin machen, an deren verrücktem Leben die Leserin teilhat.

Positive Helden und liebenswerte Loser

Positive Helden:

Skulduggery Pleasant

Sprotte
(aus DIE WILDEN HÜHNER)

Conni

Ronja (Räubertochter)

Harry Potter

Ella
(aus ELLA UND DAS GROSSE RENNEN)

Hanni und Nanni

Der kleine Prinz

Karlsson vom Dach

Percy Jackson

Jim Knopf

Tilda Apfelkern

Heidi

Micky Maus

Hermine Granger
(aus HARRY POTTER)

Die Rote Zora

Feuerschweif
(aus WARRIOR CATS)

Prinzessin Lillifee

Stephanie Edgley
(aus SKULDUGGERY PLEASANT)

Mia
(aus MIA UND DER WEISSE LÖWE)

Alice

Die drei ???
zumindest Justus Jonas

Liebenswerte Loser:

Pu der Bär

Die Daltons
zumindest Averell Dalton

Bastian
(aus DIE UNENDLICHE GESCHICHTE)

Ron
(aus HARRY POTTER)

Donald Duck

Greg

Franz
(aus GESCHICHTEN VOM FRANZ)

Karlsson vom Dach

Bulle (Nesbø)
(aus DOKTOR PROKTORS PUPSPULVER)

Rupert
(aus GREGS TAGEBUCH)

Goofy

Anton
(aus ANTON TAUCHT AB)

Michel
aus Lönneberga

Sprechende Tiere

Anders funktioniert Margit Auers »Die Schule der magischen Tiere«, ebenfalls auf der *Zeit Leo*-Bestsellerliste platziert und mittlerweile bei Band 10 angekommen. Auf der Wintersteinschule bekommt jedes Kind ein seelenverwandtes magisches Tier zugeordnet. Das Tolle daran: Die Tiere können sprechen. Mit Benni und Ida stehen Identifikationsfiguren für Jungs wie Mädchen bereit, und durch die Tiere werden bestimmte kindliche Eigenschaften oder Ängste aufgenommen und verarbeitet. »Das Tier steht immer fest an der Seite des Kindes, egal, was passiert. […] Die magischen Tiere haben viel Verständnis für die Sorgen ihrer Kinder und können sich gut in sie hineinversetzen. Ihre Ratschläge geben die Tiere oft auf eine lustige Art und Weise, so dass die Kinder sie gut annehmen können. Und die Leser haben viel zu lachen«, beschreibt Margit Auer die Besonderheit der Geschichten.

Die Verortung der Geschichte in der Schule, die Protagonisten, in jedem Band neu auftauchende Mitschüler und deren Tiere führen die Leser von vertrautem Terrain immer wieder hinein in neue Geschichten. Es ist wie mit dem geliebten Kuschelkissen oder Stofftier, das an jedem neuen Ort ein Stück Vertrautheit sicherstellt.

Das Rezept funktioniert nicht nur bei Margit Auers Serie, sondern steckt hinter jeder erfolgreichen Reihe. Bekannte Figuren, der rasche Einstieg über eine kurze Zusammenfassung der wichtigsten Informationen, dennoch eine abgeschlossene Geschichte: Schon kann das Lesevergnügen starten.

Wie gut Menschen, Tiere und eine magische Beigabe als Reihe funktionieren, beweist seit 2007 Tanya Stewner mit der mittlerweile 13-teiligen Kinderbuchserie »Liliane Susewind«. Hier sind es nicht die Tiere, die mit Menschen sprechen können, sondern Liliane kann mit den Tieren sprechen, egal ob Hamster, Meise oder Elefant. Auch hier gibt es mit Jesahja den guten Freund der Heldin, der wie sie ein kleines Geheimnis besitzt: Er ist hochbegabt, möchte das aber für sich behalten. Viele der Abenteuer bauen auf den Fähigkeiten beider auf, um am Ende bedrohte Tiere zu retten.

Fantastisches und Tiere verbinden sich auch bei Katja Brandis: Ihre »Woodwalkers« sind Personen, die sowohl eine menschliche als auch eine tierische Gestalt annehmen können. Die Hauptfigur Carag kommt auf eine Schule, in der nur Woodwalker unterrichtet werden. Mit seinen engsten Mitschülern erlebt er in der sechsteiligen Reihe Abenteuer, die auf ein großes Finale im letzten Band zusteuern. So gesehen bekannte Elemente, die nicht nur »Harry Potter« zitieren.

Und Pferde, na klar

Seit den Zeiten von *Black Beauty* oder *Fury* gehören Pferdebücher und -serien zu den Kinderbuch- bzw. Mädchenbuchklassikern. Jungs im Stall sind eher die Ausnahme, ihnen kommen allerhöchstens rustikale Aufgaben wie die des kräftigen Stallburschen zu, in den sich die jungen

Reiterinnen gerne mal verlieben. Aber sonst sind Zügel und Metier fest in Frauenhand.

Bestseller-Autorin Nele Neuhaus weicht nur ein kleines Stück ab, wenn sie zur Pferdegeschichte noch die einer verbotenen Liebe aufsattelt. Elena heißt ihre jugendliche Heldin auf dem elterlichen Reiterhof, dazu gibt es Tim, dessen Eltern seit vielen Jahren mit Elenas Eltern verfeindet sind und damit der Beziehung im Wege stehen. Dieser Romeo-und-Julia-Rahmen bietet immer wieder neue Wendungen, um Elenas Geschichte über Reiterferien, Turniere und neue Liebschaften weiterzuerzählen.

LESETIPPS

- Usch Luhn, Franziska Harvey: ***PONYHERZ***, Reihe, 128 S., Carlsen, ab 7
- Lin Hallberg: ***BILLIE***, Reihe, 128 S., Arena, ab 8
- Suza Kolb: ***DIE HAFERHORDE***, Magellan, Reihe, ab 8
- Mila Sternberg: ***EMILY PFERDEFLÜSTERIN. EINE FREUNDSCHAFT MIT ESELSOHREN***, Dressler, 192 S., ab 9
- Cornelia Funke: ***HÄNDE WEG VON MISSISSIPPI***, Dressler, 192 S., ab 9
- Nele Neuhaus: ***CHARLOTTES TRAUMPFERD***, Thienemann, Reihe, ab 10
- Ilona Einwohlt: ***ERDBEERSOMMER***, Arena, 232 S., ab 11

Sven fehlt noch die 17 …

Schenken ist ein himmlisches Vergnügen. Aber oft auch teuflisch schwer. Das wissen Tanten, Onkel und andere Erwachsene, die sich bei einem Kind in der Geschenk-Pflicht sehen, das Kind aber eher selten zu Gesicht bekommen. Zumindest zweimal im Jahr zerbrechen sie sich die Köpfe. Mindestens. Womit kann man einem Elfjährigen zu Weihnachten oder zum Geburtstag eine Freude machen? Zwei Dinge klammern ambitionierte Schenker rigoros aus: Geld und Gutscheine. Warum? Viel zu fantasielos und unpersönlich! Was also dann?

Sehr oft heißt der rettende Ausweg: *»Schenk doch ein Buch!«* Denn Bücher werden auch im Zeitalter der elektronischen Medien noch als ideale Geschenke angesehen. Auch in anderen Altersgruppen dominieren sie die Hitliste. Kein Wunder: Die Auswahl der Titel ist enorm, das Produkt ist stabil und leicht zu verschicken. Und: Bücher haben eine persönliche Aura, ob man sie nun selbst gelesen hat oder nicht. Meist hat man sich wenigstens per Klappentext grob Gedanken gemacht, ob das Buch zum Beschenkten passt.

»Schenk doch ein Buch!« reicht aber als Zauberformel noch nicht für das ultimative Happy End. Angesichts der mehr als 8.000 Neuerscheinungen pro Jahr allein auf dem deutschsprachigen Kinder- und Jugendbuchmarkt steht vor dem Buchkauf die Qual der Wahl. Das Alter des zu Beschenkenden ist im Buchhandel das erste Kriterium, »Junge oder Mädchen?« die nächste Frage. Welche Interessen liegen vor und was liest er oder sie denn sonst so …? Fällt dann der Name einer Kinderbuchreihe, kann der Schenker mit dem neuesten Band der Serie nicht ganz schiefliegen.

Und so kommt dann Band 17 in Svens Kinderzimmer.

17

FANFICTION
DIE AUFHEBUNG DER TRENNUNG VON LESEN UND SCHREIBEN

Es stärkt die Lesefähigkeit wie kaum eine andere Tätigkeit, verbindet sie doch auf ideale Weise das Lesen packender Bücher mit dem eigenen Schreiben: Fanfiction – Texte, die von Lesern geschrieben werden, inspiriert von bestehenden, meist sehr erfolgreichen Erzählungen. Besonders Serien animieren Kinder zum Schreiben von Fanfiction; von Harry Potter soll es weltweit rund eine Million erfundene Geschichten geben. So fusionieren Offline-Tätigkeiten rund ums Lesen und Schreiben mit wachsender Kompetenz in sozialen Netzwerken, denn die neuen Texte werden meist in Fanfiction-Foren veröffentlicht, gelesen und beurteilt.

Das intensive Fanfiction-Schreiben fängt mit etwa zwölf Jahren an, aber zahlreiche Serien ab acht oder zehn Jahren inspirieren gemäß www.fanfiktion.de Tausende von Kindern im deutschsprachigen Raum schon früher zum Erfinden eigener Geschichten. Dazu gehören u. a. Reihen wie Cornelia Funkes »Die wilden Hühner«, Jonathan Strouds »Bartimäus«, Marc-Uwe Klings »Känguru«-Trilogie, C. S. Lewis' »Chroniken von Narnia«, »Die drei ???« und auch Klassiker wie *Alice im Wunderland* oder einzelne Romane von Astrid Lindgren, Michael Ende und vielen anderen.

Anlässe dafür sind nicht nur die Begeisterung fürs Gelesene, sondern können sehr vielfältig sein. Vielleicht müsste die Handlung nach Meinung der Leserin ganz anders verlaufen; die Heldin lässt sich zu viel von den Jungs gefallen; der Held vertraut zu sehr den Bösewichten; der nächste Band der Serie lässt zu lange auf sich warten oder die ganze Story muss grundsätzlich durch eigenes Fortschreiben, durch radikales Remixen umgedeutet werden. So werden durch den Schreibprozess die Kinder zu kritischen und geübten Lesern. Haben sie sich selbst an Dialogen versucht, am Einsatz innerer Monologe, eines auktorialen Erzählers oder der szenischen Präsenz, so erkennen sie die Qualität des Handwerks ihrer Lieblingsautoren sehr viel besser als Kinder, die das nie probiert haben. Die Aufhebung der Trennung von Lesen und Schreiben ist nicht nur beste Leseförderung, sondern steigert in vielfacher Hinsicht die Sprachbeherrschung.

ROLLENTAUSCH

In einer Geheimschule, die in einer alten Burg untergebracht ist, lernt Henry nicht zaubern, sondern den Umgang mit Drachen. Leider will der ihm zugeordnete Drache nichts von Henry wissen. Doch Henry (und mit ihm der Leser) macht sich nicht so schnell vom Drachenacker. *Die geheime Drachenschule* (Baumhaus, ab 9) von Emily Skye, mit Bildern von Pascal Nöldner, ist als Serie angelegt und verbirgt ein kleines Geheimnis: Hinter dem Pseudonym Emily Skye stecken die Lektorinnen des Verlages. Gemeinsam haben sie sich die Geschichte ausgedacht und beschlossen, einmal selbst in die Rolle von Autoren zu schlüpfen. Nach Band 1 ist die Fortsetzung *Der Drache mit den silbernen Hörnern* erschienen, und das Lektorat schreibt weiter. Es kommt häufig vor, dass Kinderbuchautoren früher Verlagslektoren waren oder immer noch als freie Lektoren arbeiten. Und auch, dass Lektoren schon immer einzelne Textpassagen so stark redigieren, dass der Anteil des Autors fast verschwindet. Oder sie schreiben einzelne Passagen. Aber es ist selten, dass fest angestellte Lektoren komplett eine Geschichte erfinden. Ob das Schule machen wird, wissen nur die Drachen.

KAPITEL 11

»Dein Leben ändert sich zwar, aber du willst, dass die Helden deiner Bücher gleich bleiben«

Ein Strichmännchen begeistert Kinder

Einen Comic-Roman nennt der 1971 geborene Autor und Zeichner Jeff Kinney »Gregs Tagebuch«. Das ist Anti-Fantasy in Serie: harter Alltag, null Magie, viel Witz und Ironie und so sehr im Jetzt verhaftet, dass der Held mindestens 20 Jahre lang nicht altern wird, denn – so viel

steht fest – Gregs Schöpfer Jeff Kinney macht weiter bis mindestens Band 20.

Die »Greg«-Bücher sind abwechselnd spannend und episch. Im besonderen Erzählrhythmus Kinneys liegt eines der Geheimnisse seines Erfolgs. Wer schon flüssig lesen kann, ist mit einem Band in etwa einer Stunde durch, was ein Erfolgserlebnis für die Kinder bedeutet. »Greg«-Leser beschäftigen sich allerdings meist viel länger mit Kinneys Büchern, weil sie bei den teils erstaunlich detailreichen Zeichnungen verweilen. Mehr als 200 linierte Blätter pro Buch, handschriftlich beschrieben von einem Ich-Erzähler, der nur drei dicke Haare auf dem Kopf hat und vier Finger an der Hand, fördern das Lesen weltweit wie kaum eine andere Buchreihe.

»DAS IST NICHT HELDENHAFT, ABER DAS IST GREG …«

Interview mit dem Autor JEFF KINNEY

Auch wenn inzwischen schon 13 Bände erschienen sind: Bleibt Greg immer gleich alt?

Er ist elf oder zwölf Jahre alt. Und bei Band 5 wurde mir klar, dass er nicht altern wird. Das haben viele Comic-Figuren so an sich. Wir wollen sie nicht mit grauen Haaren und Falten sehen. Sie bleiben so, wie sie sind, auch wenn sie immer wieder neue Abenteuer überstehen. So alterslose Serienhelden gibt es auch in der Literatur. Dein Leben ändert sich zwar, aber du willst, dass die Helden deiner Bücher gleich bleiben.

Greg wundert sich in Eiskalt erwischt!, *dass er der Einzige in seiner Familie ist, der sich wegen der Erderwärmung Sorgen macht. Sind Kinder empfindlicher angesichts solcher Veränderungen?*

Ich glaube, meine Generation ist leichtfertig, was den Umgang mit Ressourcen und den Umweltschutz betrifft. Wir sind so aufgewachsen, auch meine Eltern. Wir haben uns daran gewöhnt und wollen unsere Freiheiten nicht aufgeben. Ich hoffe, dass die nachfolgende Generation, dass meine Kinder umsichtiger sind. Ich finde, es ist unsere Aufgabe, den nachkommenden Generationen ein Gefühl für die Verantwortung zu vermitteln, die wir alle haben. Dass die Welt bedroht ist, ist keine Frage mehr, nur das Ausmaß der Bedrohung steht noch nicht fest.

Michell Pickett heißt ein Nachbarjunge Gregs, der vorgefertigte Schneebälle verkauft und mit allen sich bekämpfenden Kindern glänzende Geschäfte macht. Das ärgert Greg, aber Sie verurteilen Pickett nicht.

Als mir klar wurde, dass das ein Buch zum Thema Krieg wird, habe ich recherchiert. Ich fand heraus, dass es drei Möglichkeiten gibt, davon zu erzählen: Erstens, der Held gewinnt, zweitens, der Held verliert, drittens, der Krieg ist sinn- und nutzlos. Letztere ist meine Variante: Krieg ist

dumm, aber es gibt Menschen, die vom Krieg profitieren. Klar, Mitchell Pickett ist Waffenhändler und Kriegsgewinnler. Er reitet am Ende in den Sonnenuntergang. Er kauft sich vom vielen Geld aus seinem Schneeballgeschäft ein auch von Greg heiß ersehntes Schneemobil. Und auch der Verräter Trevor Nix profitiert ja von seiner Lüge: Er wird in seiner Funktion als Spion belohnt.

Am Ende des Romans ziehen Sie dieses Fazit, aber ohne moralisch zu werten.
Ich frage mich, ob es eine bessere Art gibt, diese Geschichte zu erzählen. Ich zeige, was ist. Ich belehre nicht. Aber es steckt doch auch eine Lektion darin: Greg ist fest entschlossen, den Krieg unbeschadet zu überstehen. Das ist nicht heldenhaft, aber das ist Greg.

Wie ist es mit der technischen Entwicklung, die zwar Ihre Leser, aber nicht Greg beschäftigt? Greg hat immer noch kein Handy.
Wenn es unvermeidbar ist, schmuggle ich Hinweise auf neue Geräte ein. Aber meine Regel für »Gregs Tagebuch« lautete von Anfang an: Die Geschichten können sich *vor* 20 oder *in* 20 Jahren ereignen. Ich habe mir ein großes Zeitfenster geöffnet. Ich erinnerte mich bei dieser Entscheidung

an meine Lektüre von Comics wie »Donald Duck«. Da gab es Hinweise auf uralte Gerätschaften, die mich ablenkten und störten. Also habe ich versucht, bei mir alles neutral, in gewisser Weise zeitlos zu halten.

Gregs Mutter beharrt auf bildschirmfreien Wochenenden.

Das ist ein wichtiges Thema derzeit. Wie viel Bildschirmzeit soll Kindern erlaubt sein? Und was geschieht in dieser Bildschirmzeit? Neulich wollte ich mit meinen beiden Jungs mal etwas anderes machen. Ich schlug vor, ins Kino zu gehen, und sie sagten: »Dad, das ist auch ein Bildschirm.« Und sie haben recht. Meine Kinder gehören einer Generation an, die nicht nur »digital native«, sondern auch »social media native« ist. Das ist viel problematischer als nur die Bildschirmfrage. Ich hatte als Kind meine Video-Games, und wenn mir meine Geräte verboten wurden, war das erträglich. Aber wenn ich meinen Kindern ihre Geräte mit Online-Kommunikation wegnehme, dann spalte ich sie von ihrem sozialen Leben ab, ich isoliere sie, was viel weitreichendere Konsequenzen hat, als ihnen nur ein Spiel zu verbieten.

Was halten Sie vom neuen Schulfach in den USA »Deep Reading« im Gegensatz zur Bildschirm-Häppchen-Kultur?

Ich halte das für sehr wichtig. Ich hatte als zwölfjähriger Schüler jeden Donnerstagnachmittag Zeit zum Lesen. Das wurde uns so von der Lehrerin verordnet. Ich liebte es, während des Unterrichts einfach lesen zu dürfen. Jeder durfte sich das Buch greifen, das er wollte – von Witzbüchern bis zu Fantasy-Schmökern. Was ich dabei für sehr wichtig halte, ist die Berücksichtigung der Interessen der Kinder. Viele Eltern wollen ihren Kindern Bücher verbieten, die ihre Kinder aber gerne lesen möchten. Als Erwachsene sollten wir Möglichkeiten finden, Kinder auf einen Weg zu bringen, der sie zu Lesern macht, zu lebenslangen Lesern. Eine Methode besteht darin, ihnen vorzuführen, dass Lesen etwas Angenehmes, Schönes und Wichtiges ist. Und wenn man Buchtipps gibt, muss man die eigenen inhaltlichen oder stilistischen Interessen zurücksetzen.

In Deutschland gibt es den Ausdruck »Leseknick«. Mit Beginn der Pubertät oder schon früher lässt das Interesse an Büchern oft schlagartig nach.

Ich bin kein Kinderpsychologe, aber ich schätze, dass die Frage nach der Identität in diesem Zusammenhang wichtig ist. Wenn du in einer Klasse mit Fünf- bis Siebenjährigen fragst: »Seid ihr Künstler?«, dann heben fast alle den Arm. Je älter die Kinder werden, desto weniger halten sie sich für Künstler. Ich glaube, so ähnlich verhält es sich mit der kindlichen Selbsteinschätzung: Bin ich ein Leser? Das Phänomen des Leseknicks hat also eine soziale Komponente, mit der man sich intensiver vor dem Hintergrund der Digitalisierung beschäftigen sollte. Hinzu kommen natürlich der wachsende Schwierigkeitsgrad der verordneten Schullektüre, die einem die Leselust rauben kann, sowie pubertätsbedingte Veränderungen der eigenen Interessen.

LESETIPPS

- Silke Schlichtmann: ***MATTIS UND ...***, Hanser, ab 7
- Heinz Janisch: ***EIN FALL FÜR JAROMIR***, Obelisk, ab 8
- Magnus Myst: ***DAS KLEINE BÖSE BUCH***, durchgängig bebildert, Ueberreuter, ab 8
- Sabine Ludwig: ***MISS BRAITWHISTLE***, Dressler, ab 8
- Anne Scheller: ***RAVENSBURGER EXIT ROOM RÄTSEL***, Ravensburger, ab 8
- Stefanie Taschinski: ***FAMILIE FLICKENTEPPICH ZIEHT EIN***, Oetinger, ab 8
- Gina Meier: ***DER MAGISCHE BLUMENLADEN***, Ravensburger, ab 9
- Sabine Zett, Falk Holzapfel: ***COLLINS GEHEIMER CHANNEL***, mit vielen Comic-Elementen, Loewe, ab 10
- John Flanagan: ***DIE CHRONIKEN VON ARALUEN***, cbj, ab 11

KAPITEL 12

Neues Buch, neues Glück

Die große Vielfalt der in sich abgeschlossenen Romane

Marie hat ihr Zimmer aufgeräumt: Da stehen sie jetzt wieder fein säuberlich aufgereiht, die Bände von 1 bis 9 oder sogar bis 19 und höher. Marie schaut kurz vom Display auf, und ihr Blick schweift über die nummerierten Rücken der Bücher, die dank vieler Geschenke der Eltern, Großeltern und diverser Tanten in dieser beachtlichen Vollzähligkeit zustande kamen. Ein kleines Vermögen hat sich da angesammelt. Früher war es für Marie auch wichtig, fehlende Bände nachzukaufen und alle Lücken zu füllen.

Marie spürt bei diesem Anblick von Vollständigkeit etwas, wofür ihr die passenden Worte fehlen: eine Mischung aus Stolz, sich all diese Bücher einverleibt zu haben, und schönen Erinnerungen an die Zeiten selbstvergessenen Lesens. Noch letzten Sommer hat sie regelrechte Lesefutter-Wochen veranstaltet: Binge-Reading at it's best. Aber da ist nun auch ein Gefühl von Sättigung, von Frustration und Verdruss: Ein flüchtiger Blick auf die Buchtitel der verschiedenen Serien – und Marie weiß sofort, wie der nächste Band in etwa ablaufen würde, was die Helden der Geschichte sagen und tun würden: ziemlich vorhersehbar. Nein, den will sie jetzt nicht mehr lesen und auch nicht mehr besitzen.

Für Marie wäre jetzt das ideal, was die Programmmacher in den Verlagen »Stand Alone« nennen, einen nur für diese eine Geschichte geschriebenen Roman, nicht mit der Absicht, noch viele weitere Bände nachzuschieben, und veröffentlicht ohne das Konzept, möglichst viele Regalmeter für den Verdrängungskampf in Buchhandlungen und Kinderzimmern zu besetzen. Die großen Buchverlage veröffentlichen im Kinderbuchbereich zwischen 70 und 90 Prozent Reihen und dementsprechend wenige in sich abgeschlossene Romane und Erzählungen. Paradoxerweise ist das Verhältnis in den Feuilletons und Fachzeitschriften der besprochenen Bücher genau umgekehrt: Die Kritiker und Fachleute haben wenig Lust, den x-ten Band einer Reihe zu besprechen. Sie nehmen sich fast immer Neuerscheinungen vor, die Überraschungen versprechen. Allerdings schalten die Verlage für Einzeltitel seltener Werbung. Es lohnt sich nicht. Marketing für Serien hingegen zahlt sich aus: Oft startet eine neue Buchreihe gleich mit mehreren Bänden, und danach geht es flott weiter.

Handelt es sich nun bei Serien um Schund, um Massenware, die zur Verdummung führt, und bei den in sich abgeschlossenen Romanen immer um qualitativ herausragende Geschichten? Keineswegs: Je nach Entwicklungsstand des Kindes ist eine Serie oder ein anspruchsvollerer Einzeltitel das Richtige. Wichtig ist auch hier, dass das Angebot breit gefächert ist. Marie sollte die Möglichkeit haben, selbst zu entscheiden, wann sie Serien satthat und den Wunsch nach einer neuen und überraschenden Lektüre verspürt.

Miteinander über Bücher reden

Erwachsene, die Acht- bis Zwölfjährigen gerne ein Buch schenken, können in dieser Lesephase nicht auf Nummer sicher gehen. Es gehört immer ein gewisses Risiko dazu, dem Kind einen literarischen und oft anspruchsvolleren Roman zu schenken, der eine größere Lesefähigkeit und mehr Ausdauer voraussetzt. Aber eines können die Erwachsenen in jedem Fall tun: vor dem Kauf in das Buch hineinlesen (oder es ganz lesen, weil sich hier überraschende Welten und Einsichten eröffnen). Und zwar von Anfang an, denn Kinder urteilen nach dem ersten Satz, nach der ersten Seite, spätestens nach dem ersten Dutzend Seiten. Natürlich müssen Cover, Themen und Plot ansprechend

und originell sein. Das Buch soll stilistisch überzeugen, dramatisch dicht, spannend und temporeich erzählt sein. Das sind objektive Kriterien für Einzeltitel, die beim Übergang von Serien entscheidend sein können. Und wenn das Buch vom Kind ausgelesen ist, hat man eine gemeinsame Basis für die Beurteilung der Protagonisten und der Handlung, da man sich als Erwachsener ein eigenes Bild gemacht hat. Darüber reden kann für beide sehr interessant sein, sofern das Kind nicht das Gefühl hat, »ausgehorcht« zu werden. Wenn das Kind keine Lust zum Reden hat, sollte man das auch akzeptieren. Manchmal »arbeiten« Texte noch im Nachhinein weiter, manchmal möchten Kinder ihre sehr privaten Gedanken für sich behalten. Und das Blödeste überhaupt: eine schöne Geschichte zerreden.

Lesekompetenz fordern und fördern

Das bedeutet nicht, dass Serien fortan passé sind. Es gibt kein Entweder-oder – wie auch bei den Erwachsenen nicht. Die Mischung macht's: mal Lesefutter, mal Literatur. Mal rasch wegzulesende Geschichten für den Zeitvertreib, die nicht anstrengen, mal inhaltlich und formal ungewöhnliche Bücher, die beispielsweise mit vielen Metaphern arbeiten, oder gar in Versform gehaltene Romane, Außergewöhnliches eben, auch thematisch. Probleme, wie sie viele Kinder kennen, werden darin nicht ausgeklammert. Sie können wichtige Impulse geben.

Bei in sich abgeschlossenen Romanen fängt der Leser immer wieder bei null an: neue Helden, neue Erzählweisen, neue Schauplätze, neue Geschichten. Daraus entstehen Erwartungen und Spannung. Seltener als bei den Bänden einer Serie gibt es vorhersehbare Wendungen, und festgelegte Muster sind seltener als bei Serientiteln. Das ist nicht nur reizvoll, sondern fordert und fördert die Lesekompetenz.

Ein Blick auf die Auswahllisten des Deutschen Jugendliteraturpreises und anderer Auszeichnungen lohnt sich und kann bei der Auswahl hilfreich sein.

Über den Tellerrand blicken

In sich abgeschlossene Romane können schneller als Serien auf die sich verändernde Lebenswirklichkeit reagieren: Im Freibad werden allerorten Sprachen gesprochen, die man nicht gleich zuordnen kann. Auf dem Schulweg emanzipiert sich das Kurzdeutsch (»Ich geh Bahnhof«). Bücher, die diese Themen aufgreifen, helfen, Veränderungen als Chance zu begreifen, die auch das eigene Denken erweitert. Insbesondere erleichtert der Perspektivwechsel in den Geschichten (aus der Sicht einer Ich-Erzählerin oder aus der beschreibenden Sicht einer anderen Figur) das Sich-Einfühlen in Menschen, die andere Lebenserfahrungen haben.

Ein anderes Beispiel: Kurse für Pädagogen erklären Erziehern, dass Kinder in Afrika nicht so wie hierzulande zwischen Mein und Dein unterscheiden. Sie schnappen sich schon am Eingang zum Kindergarten irgendein Paar Pantoffeln. Hauptsache, jedes Kind hat ein Paar Pantoffeln, so der Gedanke. Entrüstung wäre fehl am Platz. Stattdessen ist ein Vergleich unseres früh anerzogenen Besitzdenkens mit der großen Teilungsbereitschaft in anderen Kulturkreisen angebracht. Es gibt viele weitere Beispiele für Missverständnisse und Konflikte, deren Ursachen in verschiedenen Mentalitäten zu suchen sind. Der in sich abgeschlossene Roman kann sehr gut Raum geben, um unaufdringlich Integration zu befördern, um Toleranz zu üben und früh damit anzufangen, über den eigenen Tellerrand zu schauen.

Im Gegensatz zu Serien, in denen Geflüchtete und Kinder aus Entwicklungsländern bislang meist marginalisiert werden oder allenfalls als Sidekicks der weißen Hauptfiguren agieren dürfen, bieten Einzeltitel eher die Möglichkeit, Vorurteile abzubauen und Klischees und Stereotype zu vermeiden. Während sich bei Serien Gesetzmäßigkeiten und Muster etablieren, ist beim Einzeltitel immer wieder alles neu. Entsprechend bedeutet das meist auch Mehraufwand in den Lektoraten. In sich abgeschlossene Romane nehmen oft eine Vorreiterrolle ein, denn der Umgang mit einer sich wandelnden Realität wird erfahrungsgemäß erst später in Serien aufgegriffen.

Sensitivity Reading

»Sensitivity Reading« heißt der neue Fachbegriff, wonach sich ein besonderes Augenmerk bei Autoren und in Verlagen auf die Bedeutung von Minderheiten und Randgruppen in der Kinderliteratur richtet: »Sensitivity Reading« achtet insbesondere auf die Themen (versteckter) Rassismus, Bedeutung und Präsenz der handelnden Figuren nach Hautfarben, Geschlechterrollen oder Behinderung. In den USA beschäftigen Verlage Testleser aus unterschiedlichen Minderheitengruppen, die auf in ihren Augen inkorrekte Formulierungen und Darstellungen hinweisen. Texte werden daraufhin verändert. Aber Vorsicht: Problematisch wird es, wenn die jungen Leser den Eindruck haben, belehrt zu werden – das mögen sie selten. Um Kurt Tucholsky zu zitieren: *»Man merkt die Absicht und ist verstimmt.«* Je mehr Fesseln sich der Autor von vornherein auferlegt, umso weniger Raum bleibt für die erzählerische Freiheit. Und auch, was vermeintliche »Political Correctness« ist, bestimmt der Zeitgeist alle paar Jahre neu.

LESETIPPS

- Jutta Nymphius, Katja Spitzer: ***ALLE ZWEI WOCHEN***, Tulipan, 64 S., ab 7
- Andrea Liebers, Susanne Göhlich: ***DAS SCHULSCHWEIN***, Peter Hammer Verlag, 32 S., ab 7
- Ulf Nilsson: ***KOMMISSAR GORDON***, kleine Reihe, Moritz Verlag, ab 8
- Dully & Dax: ***JEPPE & OSWALD. EIN WICHTEL ZIEHT EIN***, Ellermann, 128 S., mit vielen Illustrationen, ab 7
- Astrid Frank: ***ULI UNSICHTBAR***, Urachhaus, 96 S., ab 7
- Lena Hach: ***KAWASAKI HÄLT ALLE IN ATEM***, Beltz & Gelberg, 182 S., ab 8
- Bob Konrad, Daniela Kohl: ***DER KNÄCKEBROTKRACH***, Comic-Roman, Arena, 94 S., ab 8
- Sybille Hein: ***LUCA & LUDMILLA***, Hanser, 180 S. mit vielen Illustrationen, ab 9
- Olga Gabrielli, Hans Striem, Walter Trier: ***DAS WUNDERAUTO***, Klassiker, Atrium, 208 S., ab 9
- Maria Parr: ***MANCHMAL KOMMT GLÜCK IN GUMMISTIEFELN***, Dressler, 202 S., ab 9
- Barbara Schinko: ***ZIMTEIS MIT HONIG***, Picus Verlag, 162 S., ab 9
- Alan Gratz: ***AMY UND DIE GEHEIME BIBLIOTHEK***, Hanser, 244 S., ab 9
- Katja Ludwig: ***DAS MAUERSCHWEINCHEN***, cbj, 96 S., ab 9
- Pavel Šrut, Galina Miklínová: ***DIE SOCKENFRESSER***, Fischer KJB, 300 S., ab 9
- Dirk Kummer: ***ALLES NUR AUS ZUCKERSAND***, Carlsen, 144 S., ab 10
- Maja Lunde: ***ÜBER DIE GRENZE***, Urachhaus, 192 S., ab 10
- Anna Woltz: ***FÜR IMMER ALASKA***, Carlsen, 174 S., ab 10

SCHWARZE HELDEN IM KINDERBUCH?

Wer schon mal den Alltag in London oder New York gründlich beobachten konnte, der weiß, wie selbstverständlich dort Menschen aus aller Welt friedlich und freundschaftlich miteinander umgehen, auch wenn sie sich zum ersten Mal sehen. In London leben inzwischen mehr Zugereiste als Einheimische. Das findet auch in den Kinderbüchern Entsprechungen. Immer öfter gehören die Figuren und nicht selten die Protagonisten Völkern an, die dort nicht länger als »ethnische Minderheiten« bezeichnet werden. Das bringt Lektorate hierzulande in Schwierigkeiten, weil ja viele Lizenzen aus dem englischsprachigen Raum eingekauft werden. So finden Kinderbücher mit beispielsweise schwarzen Protagonisten oft nicht den Weg in unsere Buchhandlungen, weil die Verlage die Erfahrung gemacht haben, dass sich solche Bücher nicht gut verkaufen. Stattdessen sind Sichtweisen wie das »White Savior Syndrom« weit verbreitet, wonach das überlegene weiße Kind dem armen ausländischen Kind hilft. Das stärkt gewiss nicht den Selbstwert von Lesern mit Migrationshintergrund. Hier ist eine Sensibilisierung gefordert, damit sich alle Kinder als Teil einer bunten Gesellschaft verstehen.

HEIKLE THEMEN

Die Aufmerksamkeit für LGBTQ-Themen (Lesbian, Gay, Bisexual, Transgender, Queer) nimmt zu. Auch Gewalt, Missbrauch, Scheidung, Sucht oder Tod im Kinderbuch sind heute kein Tabu mehr. Es gibt zwei prominente Haltungen dazu. Die einen sagen, dass Kinder, die in ihrem Elternhaus oder sozialen Umfeld damit konfrontiert sind, keine Lust haben, das dann auch noch in Büchern wiederzufinden. Das Lesen solle diese Kinder vielmehr von der Tristesse ablenken und dank Massen-Konfektionsware schöne Fluchten in Fantasiewelten ermöglichen. Die anderen sagen, dass Kinder darunter leiden, weil ihr Erleben von Problemen im Kontrast steht zum Umgang damit: Wenn im privaten und auch im öffentlichen Raum – also auch in Kinderbüchern – nichts dazu gesagt und geschrieben wird, könne das oft Unerklärliche nicht verarbeitet werden. Deshalb dürften Kinderbücher heikle Themen nicht ausklammern, nicht ignorieren und tabuisieren, damit es nicht zu Schuldkomplexen oder Traumata kommt, zu einer Verdrängung mit langfristigen Folgen.

Hier gilt nicht entweder-oder, sondern sowohl-als-auch. In bestimmten Lebensphasen tun manchen Kindern Fastfood-Bücher gut, die eine heile Welt darstellen: »Printburger« für Lesefaule. In anderen Phasen sind Problembücher geeigneter: Sechs-Gänge-Menüs für Aufmerksame. Die Schwierigkeit für Erwachsene besteht darin, zu erkennen, wann den Kindern welche Bücher guttun. Als Grundrezept kann hier gelten: Eine Vielfalt, ein großes Angebot muss zugänglich gemacht und aktiv präsentiert werden.

KAPITEL 13

Faszination Wissen

Warum Sachbücher spannende Lesestoffe sind

Nicht nur Abenteurer, Drachen und wagemutige Skaterinnen machen Bücher spannend. Die unglaublichsten Geschichten zu erleben – aus Alltagssituationen die Leser mit geschickten Einfällen zu dramatischen Höhepunkten und Herzklopfen zu führen, – das ist die eine Seite von Büchern. »Fiction« sagt man im Englischen dazu, also all das, was man sich so im Kopf vorstellen kann, ganz eigene Welten. Der Gegensatz dazu ist »Non-Fiction« – zu Deutsch Sachbuch. Das ist nun keineswegs die kleine Schwester der Belletristik, der »schönen« Literatur, und auch nicht weniger spannend als sie. Das Leben auf dem Mond oder unter Wasser, die verrücktesten Erfindungen und die merkwürdigsten Tiere können zu einem ebenso begeisternden Leseerlebnis führen. Der Unterschied: All das gibt es, es ist nicht ausgedacht – und bei irgendwelchen Erfindungen könnte es bald Alltag werden.

Meiner sticht …

Vor allem Jungs sind eher für Sachbücher zu begeistern, aber nicht weil sie weniger empathisch wären als Mädchen. Sie können ebenso um ihre Helden und Heldinnen zittern, können Missstände in Geschichten als himmelschreiende Ungerechtigkeit empfinden, sich empören, schlucken und befreit aufatmen. Aber Jungs finden es seit Generationen toll, viele Fakten zu kennen. Beobachten Sie mal Jungs beim Quartettspielen (ja, das wird trotz Minecraft immer noch gespielt): Ob Hubräume von Autos, Baujahr, PS oder Kilometer, der Satz »Meiner sticht!« ist der entscheidende. Mehr wissen als der andere, ein bisschen klüger sein, durch Wissen imponieren, das liegt offenbar Jungs weit mehr als Mädchen. Vielleicht erinnern Sie sich noch an den Sparkassen-Werbespot aus den 1990er Jahren, wo ein Mann ganz selbstzufrieden drei Fotos hintereinander auf den Tisch legt: »Mein Haus, mein Boot, mein Auto …« – das ist die Fortsetzung von »Ich weiß was, ich hab was, meiner sticht«.

RAKETEN BAU LEICHT GEMACHT
RAKETEN für JEDEMANN

Ganz unabhängig vom Geschlecht ist Neugierde ein Antriebsmotiv. Ständig laufen in unserem Gehirn neue Informationen ein – aber nur einen Bruchteil davon merken wir uns längerfristig. Das Gehirn selektiert– und zwar je nachdem, wie interessant wir die Informationen finden. Ausschlaggebend ist, ob ein Bild in unserem Kopf entsteht, ob Emotionen dabei entstehen, sei es ein Lächeln oder eine kleine Wut. Gut zu beobachten ist, dass oft das »unnütze Wissen« gut haften bleibt. Beispiel: Wussten Sie, dass die Aldi-Filiale in Potsdam eine eigene Bootsanlegestelle hat? Jetzt wissen Sie's, und dieses Wissen erweckt zum einen unsere Aufmerksamkeit, weil es kurios erscheint – kurzes Lächeln. Zum anderen entsteht sofort ein Bild im Kopf, in dem die Kunden mit Einkaufstüten in ihr Boot steigen und übers Wasser entschwinden. Seit 2004 gibt es die Filiale nahe der Glienicker Brücke, und auch wer noch nie da war: Die meisten, die davon gehört haben, haben dieses Kuriosum abgespeichert.

Auch Wissen, mit dem man punkten kann, wird gern behalten. Dass der Eiffelturm immer wieder gestrichen wird, aha, ja, klar. Aber dass die Farbe dabei nach oben hin in helleren Tönen eingesetzt wird, damit der Turm größer wirkt: Da kommt bestimmt eine Gelegenheit, bei der man dieses Wissen wie nebenbei einsetzen kann. Die Buchverlage machen sich solche Erkenntnisse zunutze; die Emotionalisierung etwa, die über Fotos und Illustrationen, aber auch über Identifikationsfiguren im Text laufen kann. *»Das Kind muss merken: Diese Geschichte betrifft mich!«*, sagt Buchhändlerin Irmgard Clausen, langjährige Inhaberin der Buchhandlung Riemann in Coburg und heute Vorsitzende der IG Leseförderung im Börsenverein. Anna Morlinghaus von der Kinderbuchhandlung Krumulus in Berlin beobachtet, dass »Sachbücher viel liebevoller gestaltet sind als Schulbücher: Die Kinder saugen

sich hier fest. Und ich erlebe immer wieder, dass Lehrer darüber staunen.« Morlinghaus sieht beim Einsatz von Sachbüchern Potenziale, die nicht ausgeschöpft werden. »Partizipative Wissensvermittlung« heißt das Stichwort, das Verlage bei der inhaltlichen Qualität beachten, also eine Lernkultur, in der die Autoren keine »Besserwisser« sind, sondern die jungen Leser ernst nehmen.

Fachlich geprüftes Wissen

»Nach einer Phase der Überproduktion als Reaktion auf die erste Pisa-Studie im Jahr 2000 und nach viel zu vielen ›Nachahmer‹-Büchern hat sich die Sachbuchproduktion wieder auf einem guten Maß eingependelt«, urteilt Kindersachbuchexpertin Renate Grubert. Die Qualität sei gewachsen. Der Vorteil der Sachbücher gegenüber dem Stöbern im Internet: Das Wissen wurde von Experten sehr gründlich geprüft. Die digital meist kostenlos zugänglichen Informationen werden oft nicht hinterfragt, sondern ohne ausreichende Prüfung der Quellen als richtig angesehen: »Wird schon stimmen.« Dabei kommt man beispielsweise beim Thema Walfang zu ganz unterschiedlichen Informationen, je nachdem, ob man auf der Seite von

Greenpeace nachschaut oder auf der Seite eines extensiv fischenden Staates wie Island oder Japan.

Der Vorteil des Kinder- und Jugendsachbuchs liegt auch in der altersgerechten Aufarbeitung des Wissens: Wer im Internet nach Begriffen und Sachverhalten sucht, verliert sich häufig in den Weiten des World Wide Web und landet auf Seiten, deren Wortschatz sehr erwachsen oder auch wissenschaftlich ist. Unter den Suchergebnissen der ersten »Seite« ist ja nicht immer das Passende dabei, weil auch das Arbeiten mit den richtigen Suchbegriffen und Kombinationen erst gelernt werden muss, auf die zweite Seite hat das Kind oft schon keine Lust mehr und bricht ab. Das Sachbuch hat an dieser Stelle das nötige Wissen schon selektioniert und in Portionen so aufbereitet, dass das Lesen spannend wird.

Damit die Inhalte aber überhaupt die nötige Beachtung finden, ist das Layout der Sachbuchseiten entscheidend. Kurze Bild-Text-Kombinationen und Häppchentexte haben die früher langen Erklärungen

ersetzt; Jungs steigen bei längeren Texten aus. Anschaulich müssen die Seiten sein, was durch Pappklappen, Schiebe-Elemente, ausklappbare Seiten usw. unterstützt wird. Illustrationen können oft viel besser als Fotos Sachverhalte erklären, können in die Vergangenheit führen, Träumen und Gedanken (etwa der Vision vom Bau des Eiffelturms) Sichtbarkeit verleihen, komplizierte Zusammenhänge vereinfachen und vieles mehr und dabei doch immer in derselben »Erzählsprache« bleiben. Bei alldem ist ein ebenso anschaulicher, nachvollziehbarer Plot hilfreich: »Kinder haben den Wunsch nach erzählten Geschichten, den man auch im Sachbilderbuch erfüllen kann, etwa wenn der Leser einen Spatz durchs Jahr begleitet«, so Gerstenberg-Verlegerin Daniela Filthaut.

Damit Sachbücher mehr Chancen bei der Vermittlung haben, müssten sie stärker ins Rampenlicht gerückt werden. Viele Buchhänd-

LESETIPPS

- Isabel Thomas: ***WAS SOLL DER GANZE MÜLL? 50 DINGE, DIE DU TUN KANNST, UM DIE WELT ZU RETTEN***, Carlsen, 208 S., ab 9
- Bernd Schuh: ***WASSER. DER WICHTIGSTE ROHSTOFF DER ERDE***, Gerstenberg, 64 S., ab 9
- ***HUBERT REEVES ERKLÄRT UNS DEN WALD***, Jacoby & Stuart, Comic, 64 S., ab 10
- Ingolf Kern, Werner Möller, Kitty Kahane: ***ALLES BAUHAUS? EINE FANTASTISCHE ZEITREISE MIT MIA UND LUCAS***, Hanser, 80 S., ab 10
- Vitali Konstantinov: ***ES STEHT GESCHRIEBEN. VON DER KEILSCHRIFT ZUM EMOJI***, Gerstenberg, 80 S., ab 10
- Ilona Einwohlt, Bianca Schaalburg: ***GIRLS! WAS COOLE MÄDCHEN WISSEN MÜSSEN***, Fischer Sauerländer, 96 S., ab 10

lerinnen und Bibliothekarinnen – die Buchbranche ist überwiegend weiblich – haben eine starke Affinität zu belletristischen Titeln, und weil Mädchen einfach mehr lesen und als Käufer wie zu Beschenkende die Hauptzielgruppe sind, denken sie oft nicht so an die Zielgruppe der Jungs.

»WAS MACHT EIN GUTES SACHBUCH AUS?«

Interview mit der Sachbuchexpertin RENATE GRUBERT

Sie beschäftigen sich seit 40 Jahren intensiv mit Kindersachbüchern: Was macht denn ein gutes Sachbuch aus?

Die Antwort könnte genauso facettenreich und komplex ausfallen, wie Kinder- und Jugendsachbücher heute eben sind - aber für mich kristallisieren sich drei wesentliche Kriterien heraus. Wenn ein Buch diese Kriterien erfüllt, hat es die wichtigsten Etappen auf dem Weg zu einem guten Sachbuch erfüllt:

- Sachliche Richtigkeit eines kuratierten Informationsangebots
- Ein zum Vorwissen der Zielgruppe passendes Text-Bild-Angebot
- Originalität und Überraschungsmomente

Was bedeutet »kuratierte Information«?

Sachliche Richtigkeit ist das A und O eines Buches für Kinder und Jugendliche. Denn hier wird im besten Fall der Wissensgrundstock fürs Leben gelegt. Wenn dieses Fundament Fehler aufweist, ist das grundsätzlich problematisch. Das kleine Wort »kuratiert« ist nicht weniger wichtig, denn in Zeiten von Internet und Digitalisierung werden Kinder nicht selten von der online angebotenen Informationsflut erschlagen. Sachverständige Auswahl ist da nicht nur hilfreich, sondern Bedingung.

Welche Rolle spielt das Alter der Kinder?

Dass Inhalt und Gestaltung sich möglichst punktgenau an den intellektuellen Verarbeitungsmöglichkeiten der Zielgruppe orientieren sollten, liegt eigentlich auf der Hand. Die Sachbuchlektorate in den Verlagen kennen ihre junge Kundschaft und bieten passend für jedes Lese- und Verständnisalter präzise komponierte Textvolumen in Kombination mit Illustrationen (Fotos und/oder Handzeichnungen, Grafiken usw.) an. So arbeiten Text und Bild Hand in Hand. Auch ein komplexer Inhalt wird dadurch leichter verstanden.

Wie kann ein Sachbuch überraschen?

Ein gutes Sachbuch muss mich durch Originalität überzeugen. Nichts ist fürs Sachbuch tödlicher als Déjà-vu und Redundanz! Möglicherweise bleibt der Blick schon gleich am außergewöhnlichen Cover hängen, am Thema, das auf diese Art noch nie bearbeitet wurde. Oder aber ein Ausstattungsmerkmal, ein herstellerisches Detail, etwas an der Funktionsweise des Buches fasziniert. Oder es sind schlicht und einfach die umwerfenden Bilder eines genialen Fotografen oder Illustrationskünstlers, die begeistern. In jedem Fall ist Überraschung erwünscht! «

Die promovierte Geografin und Kartografin Renate Grubert studierte Kinder- und Jugendliteratur in Wien. Sie publiziert seit Jahrzehnten in Fachzeitschriften über Kinder- und Jugendsachbücher. Sie hatte einen Lehrauftrag an der Ludwig-Maximilians-Universität München und ist Dozentin an der Pädagogischen Hochschule in Innsbruck.

UND WAS IST MIT DER ÖKOBILANZ?

»Prüfen Sie bitte, ob diese Mail wirklich ausgedruckt werden muss«, heißt es immer häufiger am Ende einer elektronischen Nachricht. Dann folgen Hinweise, die mit klaren Fakten das ökologische Gewissen aktivieren, zum Beispiel: »Der Ausdruck einer Seite verursacht ca. 2 g CO_2-Emissionen sowie den Verbrauch von ca. 200 ml Wasser und 2 g Holz.« Heißt: Umweltschutz beginnt im Kleinen. Und verantwortungsbewusstes Handeln rund um das Thema Umwelt betrifft auch den Schreib- und Lesealltag.

Neue Sachbücher für Kinder greifen derzeit zunehmend Themenfelder wie Ökologie, Klimakatastrophe und die Bewegung »Fridays for Future« auf. Konsequenterweise werden viele von ihnen auf Recyclingpapier gedruckt. Aber wie sieht es mit der Umweltfreundlichkeit in der Buchbranche aus?

Spätestens wenn sich in der Buchhandlung die Ratgeber zur Müllvermeidung und zu neuen Lebensformen ohne Plastik stapeln – einzeln in Folie verpackt –, regt sich Widerspruch. Was das »Greenwashing« betrifft, sind die Marketingabteilungen der Verlage weit fortgeschritten. Ihr Vokabular klingt so, als sei das Buch die Verkörperung von Umweltschutz schlechthin: Der Blaue Engel, das FSC-Siegel, das »Cradle to Cradle«-Verfahren, Ökofarben, Ökopappe, lösungsmittelfreie Farben, auf Wasserbasis oder gar auf Pflanzenölbasis gedruckt, am besten auf erdfarbenes Papier: »Alle eingesetzten Materialien und Stoffe sind umweltfreundlich und für die Gesundheit unbedenklich«, heißt es beruhigend.

Wer entsprechende Bücher kauft, glaubt am Ende, aktiven Naturschutz zu betreiben. Leider ist das Gegenteil der Fall: Die Produktion einer Tonne Papier verbraucht kaum weniger Ressourcen als die Produktion einer Tonne Stahl. Der Buchliebhaber blendet jedoch gerne die Chemikalien aus, die nicht nur beim Druck, sondern beispielsweise auch bei der Wartung der Druckmaschinen gebraucht werden. Er verdrängt auch gerne, mit wie viel Kraftstoff die Lkws die Umwelt schädigen, um die Bücher an ihren Bestimmungsort zu bringen.

Aber auch ein E-Book entpuppt sich auf den zweiten Blick als umweltschädlich: Für das Lesegerät samt Bildschirm werden kostbare Rohstoffe und seltene Erden gebraucht, die unter sozial höchst fragwürdigen Bedingungen abgebaut werden. Für das Lesen selbst braucht man Strom. Die Ökobilanz eines E-Books ist keineswegs besser als die des gedruckten Buchs, wenn man die einzelnen Produktionsschritte und den schnellen Austausch durch ein neueres E-Reader-Modell mit einrechnet. Die Wiederaufbereitung seltener Rohstoffe in Handys, Pads, Laptops und E-Readern ist sehr aufwendig. Der »Umweltkommissar« des Senders Bayern 1 hat ausführlich zum nicht gerade kleinen ökologischen Fußabdruck eines E-Books recherchiert, unter anderem mit Forschungsergebnissen des Freiburger Ökoinstituts. Unter Berücksichtigung der wertvollen Rohstoffe des Readers bis hin zum Strom beim Gebrauch zeichnet sich laut Umweltkommissar ab, dass E-Books nur für absolute Vielleser eine bessere Ökobilanz aufweisen. Warum ist das so? Die *New York Times* hat die Herstellung eines Buchs mit der eines iPads

verglichen. 15 Kilo Mineralien, 300 Liter Wasser, 100 Kilowattstunden Energie, meist in Asien durch Öl und Kohle erzeugt, was zu 33 Kilo CO_2 führt: Das ist die Bilanz des iPads. Das gedruckte Buch bringt es auf 0,3 Kilo Mineralien, 9 Liter Wasser, 2 Kilowattstunden Energie und 0,3 Kilo CO_2. Erst ab 100 gelesenen E-Books wird die digitale Variante umweltfreundlicher. Entscheidend ist auch, auf welchen Transportwegen das Buch geliefert wird und wie lange das iPad genutzt wird. Bei deutschlandweit durchschnittlich einem gelesenen Buch pro Monat würde es etwas mehr als acht Jahre dauern, bis das 100. Buch erreicht ist. Nur liegt da in den meisten Haushalten schon längst die nächste Version des Tablets auf dem Tisch. Im Rahmen seiner Ermittlungen hebt der Umweltkommissar hervor, dass gedruckte Bücher noch ein zusätzliches großes Umweltschutz-Potenzial besitzen – was zum Beispiel die Recycling-Quote betrifft. So habe etwa der kanadische Verlag Raincoast Books mehr als eine Million Bücher auf 100 Prozent Recyclingpapier gedruckt – und damit 30.000 Bäume gerettet sowie 47 Millionen Liter Wasser gespart. In Deutschland wird auch mit dem Einsatz von Graspapier experimentiert: nachwachsendes heimisches Gras als Rohstoff für die Herstellung von Papier, was 65 Prozent weniger Frischwasser und Chemie, 50 Prozent weniger Holz und CO_2 sowie 30 Prozent weniger Energie bedeutet.

Fazit: Die Buchbranche tut was. Sie sollte und könnte aber noch deutlich mehr tun. Es liegt an uns, den Leserinnen und Lesern, immer wieder Druck zu machen und weitere Veränderungen zum Positiven anzustoßen. Auch beim Verlag oder in der Buchhandlung einmal nachfragen, wie das Buch produziert worden ist: Intelligentes Kaufverhalten kann die (Bücher-)Welt durchaus ein Stückchen besser machen.

KAPITEL 14

Unverwüstlich gut

Alte und aktuelle Klassiker

Nicht nur Neuerscheinungen sind für Kinder von Interesse, auch unter den Klassikern können sie viele Leseentdeckungen machen. Oft bieten diese zeitlose Auseinandersetzungen mit existenziellen Themen. Klassiker sind aber auch immer Zeugen ihrer Entstehungszeit, weshalb wir heute etwa Astrid Lindgrens *Pippi Langstrumpf* nicht mehr als so schockierend empfinden wie in den 1950er Jahren: Damals war die Gesellschaft in Mitteleuropa noch sehr konservativ und

paternalistisch orientiert, weshalb ein völlig allein lebendes, rotzfreches und gegen Autoritäten sehr immunes Mädchen als unerhört galt. Nur wenn sie in einer Regel einen Sinn sieht, akzeptiert Pippi sie – diese rebellische Nonkonformität war für viele Eltern und Lehrer ein Albtraum. In der 1949 auf Deutsch erschienenen Übersetzung des ersten Bandes wurden denn auch einige Szenen deutlich abgeschwächt.

Meist sind es eigenwillige Charaktere, die Kinder bis heute faszinieren: der zwölfjährige Emil Tischbein etwa, dem auf der Eisenbahnfahrt nach Berlin Geld gestohlen wird und der mit anderen Kindern den Dieb durch die Stadt verfolgt. Vor mehr als 90 Jahren ist der Roman *Emil und die Detektive* erschienen, und, damals neu, der Autor Erich Kästner schrieb ein Abenteuer für Kinder mit lustigen Szenen und schilderte sehr atmosphärisch die Milieus der Großstadt. Mehr als 3,2 Millionen Exemplare wurden bis heute verkauft, in den vergangenen Jahren durchschnittlich 25.000 pro Jahr. Emils Abenteuer faszinieren die Leser bis heute, und oft möchten Erwachsene, die das Buch schon als Kind gut fanden, dieses Lesegefühl gern an ihre und andere Kinder weitergeben.

Emil und die Detektive ist also ein Klassiker und Bestseller zugleich. Das gilt auch für andere Geschichten von Erich Kästner und Astrid Lindgren, von Otfried Preußler (*Die kleine Hexe, Der Räuber Hotzenplotz, Das kleine Gespenst*), von Tove Janson (*Die Mumins*), Enid Blyton (*Fünf Freunde, Hanni und Nanni*), James Krüss (*Der Leuchtturm auf den Hummerklippen, Timm Thaler oder Das verkaufte Lachen*), Ellis Kaut (*Meister Eder und sein Pumuckl*) und von vielen anderen Autorinnen und Autoren. Bei einigen von ihnen, die mehrere Klassiker geschrieben haben, hat schon allein der Name des Schriftstellers Strahlkraft: Michael Ende (*Jim Knopf und Lukas, der Lokomotivführer, Die unendliche Geschichte, Momo*) etwa hat ein Fragment hinterlassen, *Rodrigo Raubein und Knirps, sein Knappe*, das der Autor Wieland Freund 2018, also 23 Jahre nach Endes Tod, fertig geschrieben hat. 2019 wurden 30.000 Exemplare davon verkauft.

Huckleberry Finn in Heidelberg

Aber was gilt eigentlich als Klassiker im Kinderbuch? Mit Sicherheit ist es ein Buch, das viele kennen – dabei muss es gar nicht mal so alt sein. Andreas Steinhöfels *Rico, Oskar und die Tieferschatten* zum Beispiel ist so eines, befeuert durch die Kinofilme. Oder Joanne K. Rowlings »Harry Potter«. Es kann auch schon ein bisschen älter sein, wie Christine Nöstlingers *Wir pfeifen auf den Gurkenkönig* und *Gretchen Sackmeier* oder Mirjam Presslers *Wenn das Glück kommt, muss man ihm einen Stuhl hinstellen*. Dabei sollte nicht vergessen werden, dass es in der DDR ganz andere Kinderbuchklassiker gab als in der Bundesrepublik, zum Beispiel Erwin Strittmatters *Pony Pedro*, Benno Pludras *Bootsmann auf der Scholle* oder Alexander Wolkows sechsteilige »Smaragdenstadt«-Reihe. Und da Klassiker weitergegeben werden, verkaufen sich diese Titel in den östlichen Bundesländern immer noch gut, in den westlichen hingegen – einfach weil sie dort unbekannt waren – immer noch nicht.

Auch aus dem 19. Jahrhundert haben sich Kinderbuchklassiker erhalten, die heute noch auf dem Markt sind – Mark Twains Abenteuer um Tom Sawyer und Huckleberry Finn in der Welt des Mississippi etwa. Auch jener Huck ist wie Pippi eine anarchische Figur, »bei allen Müttern herzlich verhasst und gefürchtet, weil er faul war und gesetzlos und ordinär und böse – und weil ihre Kinder ihn bewunderten und seine verbotene Gesellschaft suchten«, heißt es im ersten Band. Der zerlumpte, obdachlose Junge ist es zwar nicht, aber die Gesellschaft redet es ihm ein, auch weil er spricht wie die Straßenjungs – was es in amerikanischen Romanen bis dato nicht gab. Als er mit dem Floß über den Neckar nach Heidelberg gefahren sei, sei ihm die Idee zum zweiten Buch gekommen, glaubt sich Twain in *Bummel durch Europa* zu erinnern: Heidelberg – Heidelbeere – huckleberry – Huckleberry. »Ich verstehe Deutsch genauso gut wie der Irre, der es erfunden hat, spreche es aber am besten durch einen Dolmetscher«, hat Twain festgehalten.

Auch Defoes *Robinson Crusoe*, Stevensons *Schatzinsel* oder Jules Vernes *In 80 Tagen um die Welt* werden noch gelesen, oft in gekürzten und sprachlich veränderten Fassungen. Karl Mays »Winnetou- und Old Shatterhand«-Romane kennen nicht wenige Kinder zuerst als Film, den sie sich mit ihren Vätern anschauen, Johanna Spyris »Heidi«-Episoden als japanische Zeichentrickserie. Mediale Präsenz hält die Romane wach.

Literarische Schätze

Neben solch prominenten Klassikern gibt es auch literarische Schätze, die in zeitlichen Abständen immer wieder gehoben werden. Wolf Durians *Kai in der Kiste* über einen pfiffigen Jungen und seine Berliner Bande, die in einem ausgeklügelten Werbefeldzug einen Reklamekönig schlagen und so eine Wette gewinnen, ist ein solcher Schatz. Der Roman steckt voller Ideen, ist ungemein temporeich, mit filmischen Schnitten und Cliffhangern geschrieben, weil er zunächst 1924/25 als Fortsetzungsgeschichte in der Kinderzeitzeitschrift *Der heitere Fridolin* erschienen ist. Aber so haben Charles Dickens und Theodor Fontane auch schon gearbeitet.

Die schwarzen Brüder, von Lisa Tetzner und Kurt Kläber (*Die rote Zora*) 1938 im Schweizer Exil geschrieben, gehört ebenfalls zu jenen Wiederentdeckungen: ein dramatischer Kinderroman mit realem Hintergrund über arme Tessiner Bauernbuben, die als lebende Kaminbesen nach Norditalien »verdingt« wurden. Zu essen bekamen die Kinder nichts, da sie nicht dick werden sollten – sonst hätten sie nicht mehr in die engen Kamine gepasst. Die Kaminfeger kalkulierten ein, dass die Kinder durch das Erbetteln von Essen überleben würden. Die Arbeitsbedingungen katastrophal zu nennen, wäre untertrieben: Barfuß mussten die Kinder in die Schlote steigen, mit einer Raspel den Ruß abschaben, der pfundweise in die Lungen gelangte. Viele überlebten die Tortur nicht. Tetzner und Kläber haben eine Geschichte von Solidarität, Freundschaft und Aufbegehren gegen diese Zustände geschrieben, mit der Botschaft, dass soziale Missstände veränderbar

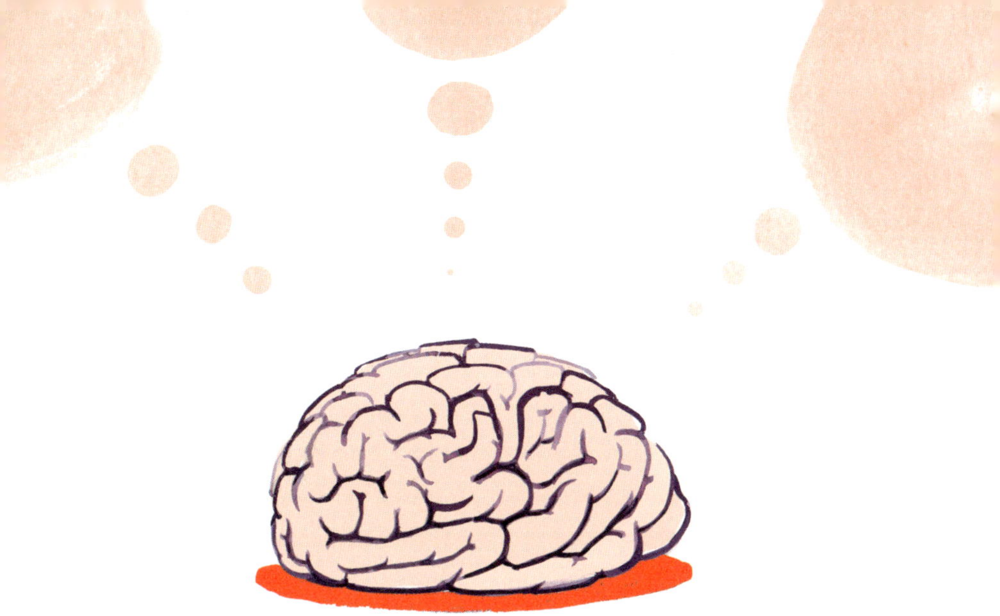

sind. Kann man eine derart »harte« Geschichte Kindern von heute zumuten?, fragen sich manche. Absolut, sagt der Nestor des deutschsprachigen Kinderbuchs, Prof. Klaus Doderer, der 1964 das Institut für Jugendbuchforschung an der Universität Frankfurt gründete und in seinem Essay *Die umzäunte Phantasie** gegen einen »Schonraum der Harmlosigkeit« im Kinderbuch wetterte. Kinder wollen ihr Verhältnis zu Büchern nämlich gerne selbst bestimmen, »sie wollen Gefahren bestehen, Untergänge miterleben – und sei's im Bauch des Fisches –, sich beeindrucken lassen von sterbenden, krankheitsbehafteten Menschen, von sozial benachteiligten Kindern ohne Überlebenschance wie in dem Märchen vom ›Mädchen mit den Schwefelhölzern‹, sich mit ›Helden‹ identifizieren, die ausgesetzt, in Gefangenschaft geraten, erniedrigt werden, die aber auch übermenschliche Kräfte besitzen, sich befreien, andere Menschen retten und fliegen können«.

Damit beantwortet sich auch die Frage, wie fremd denn Kindern die alten Texte sind. Sie führen ja zu Fragen über die Lebenswirklichkeit in früheren Zeiten, die sie mit ihrer eigenen vergleichen: Warum radeln die Kinder in die Stadt, um die Feuerwehr zu holen, statt das Smartphone zu zücken? Ah: Damals gab es noch keins. Wie haben die Leute damals überhaupt gelebt, kommuniziert, mit welchen Verkehrsmitteln sich fortbewegt usw.? So erschließen sich Kinder (Lese-)Welten. »Romane mit Schauplatz Venedig sind bei Kindern deshalb so beliebt, weil sie hier dieselben Voraussetzungen zum Fortbewegen haben wie Erwachsene: zu Fuß, durch enge Gassen, über viele Treppen, mit Gondel oder Boot – und ohne Auto«, hat Cornelia Funke einmal gesagt, deren hoch spannender Kinderroman *Herr der Diebe* in Venedig spielt.

EIN EIGENER VERLAG FÜR KLASSIKER

Ein Kleinverlag macht seit mehr als 25 Jahren gezielt Weltliteratur für Kinder zugänglich: 1994 von Barbara Kindermann gegründet, wird der Kindermann Verlag nun von ihrer Tochter Anna fortgeführt. Als Kind war Anna von einer Shakespeare-Nacherzählung so fasziniert, dass ihre Mutter den Text immer wieder vorlesen musste und sie schließlich auf die Idee brachte, selbst solche Nacherzählungen unter dem Reihentitel »Weltliteratur für Kinder« prächtig illustriert zu veröffentlichen. Seither erscheinen jedes Jahr wunderbare Ausgaben zu Klassikern, von Goethe über Gottfried Keller bis Rilke, die ihrerseits auch schon diesen Status erreicht haben.

KAPITEL 15

Lesen ohne Buchstaben

Entdeckungsreisen mit dem Hörbuch

Dass Geschichten vorgelesen werden, ist nichts Neues. Als nur die wenigsten lesen konnten, waren sowohl die Erzähler wie auch das Publikum auf einen mehr oder weniger öffentlichen Vortrag angewiesen. Zudem waren Bücher lange unerschwinglich und vom Format her verhältnismäßig unhandlich. Im 18. Jahrhundert kamen kleinere Formate auf den Markt, das Buch konnte überallhin mitgenommen werden. So wurde es zu einem mobilen Medium, mit dem man sich

nach Belieben zurückziehen konnte. Das machte das Lesen privater und die (fiktive) Begegnung zwischen Erzähler und Leser intimer. Da Bücher aber auch auf die Reaktion einer breiteren Öffentlichkeit angewiesen sind, wurden Lesezirkel, Literaturzeitschriften, Diskussionsforen gegründet und Lesungen veranstaltet. Sie boten Autoren die Gelegenheit, ihre Werke vorzutragen und so in direkten Kontakt mit ihrem Publikum zu treten. Das war die Fortsetzung jener mündlichen Tradition, in der die Literatur jahrhundertelang zu Hause war.

Vorlesen, aber richtig!

Das Hörbuch sieht in dieser historischen Übersicht zunächst wie ein modernes Medium aus, aber es beruht auf dem alten Interesse, sich eine Geschichte vorlesen zu lassen. Doch es gibt gewichtige Unterschiede zum traditionellen Vorlesen. Einer ist so offensichtlich wie banal: Man braucht technische Hilfsmittel, um die Geschichte aufzunehmen und sie danach auch zu hören. Weiter: Der Vorleser gibt den Figuren gezielt Stimmen und Stimmungen, Emotionen, Tonlagen, Alter … und interpretiert auf diese Weise. Wer selber liest, tut all das auch, wird aber beim Erleben von Figuren nicht von einem Zwischenleser beeinflusst. Zwar wird das Publikum auch von einem anwesenden Vorleser beeinflusst, aber dieser kann auf sein Publikum eingehen, kann bis zu einem gewissen Grad mit seinem Publikum in Kontakt treten und es so ins Erlebnis einbeziehen. Das ist beim Hörbuch nicht möglich. Der Hörer, die Hörerin ist passiv, und wenn ihre Fantasie der Geschichte doch noch eine persönliche Note verleiht, dann spielt dabei die Vorleserin nicht selten eine stärkere Rolle als der Text selbst. Auf entsprechenden Plattformen, von denen man Hörbücher herunterladen kann, können nicht nur die Texte, sondern auch die Vorleserinnen und Vorleser bewertet werden. Diese Bewertungen sind oft differenzierter und engagierter als die Kommentare zu den Texten.

Vielen Kindern ist das Vorlesen sehr vertraut. Dass hier nicht Mama oder Papa vorlesen, sondern ein fremder Mensch im Computer, Smartphone oder CD-Player, ist zwar nicht unbedeutend, aber für etwas ältere Kinder auch nicht übertrieben wichtig. CDs stehen im Übrigen wie Bücher auch in Konkurrenz zu digitalen Angeboten, weil man Hörbücher inzwischen im Internet runterlädt oder streamt.

Wie ist denn das mit der Fantasie?

Worauf es ankommt, ist die Frage, wie das Erlebnis zustande kommt und wie authentisch es ist. Die Kritik, Hörbücher würden die Fantasie weniger stark anregen als das gedruckte Buch, ist nicht gänzlich unbegründet, aber sie verfehlt ihr Ziel trotzdem: Eine gute Vorleserin, ein guter Vorleser – und wir dürfen davon ausgehen, dass man nur solche ins Tonstudio lässt – kann neue Aspekte einer Geschichte aufdecken, verborgene Seiten einer Figur enthüllen, Geheimnisse geheimnisvoller und Konflikte dramatischer gestalten. Hier lässt sich eine überraschende Ähnlichkeit mit dem Bilderbuch feststellen: Das Kind kann, wie jeder Leser, eigene Bilder zum Gelesenen »sehen«; eine Illustration wird diese entweder verhindern oder verdrängen. Bei guten Illustrationen ist das kein Problem, da sie dem Kind helfen, hinter die Bilder zu sehen, sodass sie seine Fantasie nicht lähmen, sondern anspornen. Beim Hören eines Hörbuchs kann das Kind die Geschichte stärker, tiefer, facettenreicher, intensiver erleben, als dies bei der Eigenlektüre der Fall wäre – wenn das Hörbuch wirklich gut ist. Es kommt also nicht so sehr darauf an, über welches Medium das Kind eine Geschichte erlebt, sondern darauf, sich das Erlebnis nicht entgehen zu lassen.

Der KIM-Studie 2018* zufolge hört jeder vierte Sechs- bis 13-Jährige regelmäßig Hörbücher und -spiele. Auch »Tonies« als eine neuartige Form des Hörbuchs mittels eines Abspielwürfels und darauf zu platzierenden Figuren, die als Speicher für Geschichten dienen, haben sich durchgesetzt. Sogenannte »Lesestifte« wie TipToi oder Bookii verbinden Bücher mit abrufbaren Audio-Inhalten. Vor allem die Jüngeren mögen Hörbücher: Während 44 Prozent der Sechs- bis Siebenjährigen mindestens einmal pro Woche hören, sind es laut KIM-Studie 2018 bei den Zwölf- bis 13-Jährigen nur noch acht Prozent. Das geht einher mit der wachsenden Fähigkeit, selbst zu lesen, und der Verfügbarkeit von Smartphones, die auch zum Audiokonsum genutzt werden können.

Besser als selber lesen?

Interessant in diesem Zusammenhang ist die Begründung der Jury bei der Verleihung des Deutschen Kinderhörbuchpreises 2014. Gewonnen hatte das Hörbuch *Die erstaunlichen Abenteuer der Maulina Schmitt – Mein kaputtes Königreich* von Finn-Ole Heinrich, gelesen von Sandra Hüller. Das Hörbuch ist bei der Hörcompany erschienen:

»Schon das Buch ist ein rarer Glücksfall, doch ihre Vollendung erfährt die Geschichte vom Leben-aus-den-Fugen durch die Lesung von Sandra Hüller. Die Bühnen- und Filmschauspielerin erweist sich als fulminant einfühlsame Sprech- und Sprachspielerin. Als lausche sie dem Geschriebenen nach, gibt sie wortwitzigem Ideen-Feuerwerk Form und Charakterköpfen ein Forum, schafft Räume für ungebremstes Innenleben, tobt, trotzt, turnt durch den Text und entfacht in hingebungsvoller Stimmakrobatik voll feinster Nuancen und treffsicherer Intuition eine maulend sich mausernde Heldin.«

Ebenso interessant die Begründung der Kinderjury für den Kinderhörbuchpreis 2018:

»Franziska Hartmann ist Ensemble-Mitglied am Thalia Theater Hamburg […]. Es ist ihre erste Auszeichnung als Hörbuchsprecherin. Die Kinderjury ist der Meinung, dass sie es schafft, jeder Figur einen eigenen Charakter zu

geben und die Fantasie stärker anzuregen, als wenn man die Geschichte selber lesen würde.«

Die Rede ist vom Hörbuch *Die furchtlose Nelli, die tollkühne Trude und der geheimnisvolle Nachtflieger* von Verena Reinhardt, erschienen ebenfalls bei der Hörcompany.

Sach-Hörbücher sind, so Marion Arnold vom Kinderbuchladen in Zürich, ebenfalls ziemlich beliebt. Eltern versprechen sich davon, dass ihre Kinder die Informationen übers Zuhören erhalten, einen zusätzlichen Lerneffekt. Auch in der Schule werden Hörbücher eingesetzt – ob fiktional oder nicht, zum Beispiel als Übungen zum Hör- bzw. Textverständnis. Das Interesse an solchen Hörbüchern, die folglich als Gesamtpakete mit Arbeitsblättern erhältlich sind, ist – so Marion Arnold – entsprechend groß.

Was ist nun ein gutes Hörbuch für Kinder? Eines, das das Erlebnis der Geschichte verstärkt, das nicht zu Passivität einlädt, sondern die Fantasie beflügelt, die natürliche Neugier anspornt und nicht erlahmen lässt.

Jedes Lesen ist eine Entdeckungsreise. Das Hörbuch soll dabei navigieren helfen.

KAPITEL 16

Preisgekrönt oder auf Platz 1

Orientierung im Bücherdschungel

Keinen Bock auf Bücher? An der Zahl der Neuerscheinungen kann es zumindest nicht liegen. Allein 8.000 Kinder- und Jugendbücher erscheinen jährlich, und da müsste es doch mit dem Teufel zugehen, wenn nicht der richtige Lesestoff für jede Vorliebe dabei wäre. Aber wie finden? Analog sind engagierte Buchhändler und Bibliothekare gute Ansprechpartner: Sie kennen aktuelle Trends, wissen, welche Bücher von wem besonders gern gelesen und nachgefragt werden. Mit ein paar Grundinformationen über die Lesekompetenz und die Vorlieben des Lesers versorgt, empfehlen sie gerne und fachkundig eine Auswahl an passendem Lesestoff.

Digital macht das der Algorithmus der Online-Buchhandlungen und erzeugt die bekannten Ähnlichkeitslisten: »Kunden, die dieses Buch gekauft haben, kauften auch ...« Das ist ebenfalls eine Möglichkeit, vergleichbare Bücher zu finden und sich durch Links zu weiteren Buchtiteln treiben und inspirieren zu lassen.

Empfehlungen von Experten – und Kindern

Oder aber man verlässt sich auf fremde Urteile – von anderen Lesern und von Experten. Es gibt eine Reihe von Preisen und Auszeichnungen gerade für Kinderbücher, die in der Regel von Fachleuten vergeben werden. An erster Stelle ist hier Die besten 7 des Deutschlandfunks zu nennen, eine besonders aktuelle Zusammenstellung empfehlenswerter Neuerscheinungen. Die Auswahlliste wird jeden Monat von 30 Experten aus Deutschland, Österreich und der Schweiz erarbeitet. Sie ist online abrufbar und wird an jedem ersten Samstag im Monat in der Sendung »Büchermarkt« im Deutschlandfunk vorgestellt: www.deutschlandfunk.de

Besonders wichtig ist auch der Deutsche Jugendliteraturpreis. Je sechs im Vorjahr erschienene preiswürdige Bilderbücher, Kinderbücher, Jugendbücher und Sachbücher werden zur Leipziger Buchmesse

Cut
CAT

im März nominiert, dazu drei Kinder- und Jugendbücher von »jungen Talenten«. Zur Frankfurter Buchmesse im Oktober werden daraus die jeweiligen Preisträger ermittelt. Die Auswahl trifft eine Kritikerjury, in der Vertreter aus Literaturkritik, Bibliotheken, Wissenschaft und Literaturpädagogik versammelt sind. Ergänzt werden diese »Spartenpreise« durch den Preis der Jugendjury: Er wird ausschließlich von jungen Leserinnen und Lesern aus sechs Jugend-Leseclubs vergeben. Auf www.jugendliteratur.org sind die aktuellen Listen und ein Archiv abrufbar.

Auch der Deutsch-Französische Jugendliteraturpreis nominiert jeweils im Frühjahr sechs deutschsprachige und sechs französische preiswürdige Bücher, im jährlichen Wechsel aus den Sparten Bilderbuch, Kinderbuch, Jugendbuch und Sachbuch. Preisträger und Nominierungslisten sind unter www.df-jugendliteraturpreis.eu zu finden.

Es gibt noch viele weitere Angebote, die Orientierung im Bücherdschungel bieten und auf besonders empfehlenswerte Texte hinweisen. Namhafte Experten der Deutschen Akademie für Kinder- und Jugendliteratur wählen das Kinderbuch des Monats, veröffentlicht wird es auf der Internetseite www.akademie-kjl.de. Der Borromäusverein stellt jeden Monat das Erstlesebuch des Monats vor, das sich inhaltlich und gestalterisch aus der Masse der Erstlesebücher für Kinder bis acht Jahre hervorhebt, veröffentlicht unter www.borromaeusverein.de. Und jeweils zur Leipziger Buchmesse erscheint der Leipziger Lesekompass, der von einer Jury aus unabhängigen Fachleuten aus den Bereichen Kita, Schule, Bibliothek und Buchhandel, aber auch von jugendlichen Lesern und Bloggern zusammengestellt wird.

Und auch die Leser selbst entscheiden ganz eigenständig über Preise. Jährlich oder auch zweijährlich vergeben etwa Kinderjurys Preise, zum Beispiel die Kalbacher Klapperschlange, den Paderborner Hasen, das

Penzberger Urmel usw. Und die Lesecommunity Lovelybooks hat eine Rubrik Kinderbuch, in der Leser über ihre Lieblingsbücher schreiben und empfehlen: www.lovelybooks.de. Oder Schulklassen ermitteln die beliebtesten Bücher, wie bei den Erfurter Kinderbuchwochen.

Quantität ist noch nicht Qualität

Und die Bestsellerlisten? Sind sie nicht auch ein wichtiges Qualitätssignal? Sicher ist auf jeden Fall: Bestsellerlisten vermitteln sehr anschaulich ein Gefühl dafür, welche Lesetrends gerade in der Luft liegen. Marktforschungsinstitute ermitteln die über Scannerkassen und Warenausgänge erfassten Buchtitel von stationären Buchläden und Online-Buchhandlungen. Das Kindermagazin *Dein Spiegel* etwa hält eine monatliche Kinderbuch-Bestsellerliste bereit, im März 2019 wurde von der Wochenzeitung *Die Zeit* die *Zeit Leo*-Bestsellerliste mit den zehn meistverkauften Romanen und Sachbüchern für Leser zwischen fünf und 13 Jahren ins Leben gerufen. Bei Serientiteln wird nur der höchstplatzierte Titel aufgenommen.

Allerdings sind Bestsellerlisten nicht mit einem Qualitätsurteil zu verwechseln. Über den »King of Rock 'n' Roll« gibt es zwar das geflügelte Wort: »50.000.000 Elvis Fans can't be wrong.« Aber Hand aufs Herz: Nicht jeder Buchtitel, der sich häufig verkauft, hat die künstlerische Strahlkraft eines Elvis. Denn das Etikett »Bestseller« bekommt ein Buch aus einem einzigen Grund: Es verkauft sich besonders oft.

Das heißt für ein Kinderbuch: Es kommt bei den Kindern gut an. Vielleicht entspricht es nicht immer genau dem Lesestoff, den Eltern sich für ihre Kinder wünschen, aber ist mitunter genau das, was Kinder gerne lesen möchten. Auch weil es Gesprächsstoff im Pausenhof ist, wo gemeinsame Leseerlebnisse geteilt werden.

Vor etwas mehr als 100 Jahren wurden in den USA die ersten Bestsellerlisten veröffentlicht. Und seitdem sind die Listen zum einen Trendbarometer – und werden zum anderen von nicht wenigen Kulturvertretern sehr kritisch gesehen. Insbesondere in Deutschland wurde früher die Unterscheidung zwischen kommerziell erfolgreicher Unterhaltungsliteratur und literarisch besonders anspruchsvollen Titeln für eine kleine Zielgruppe gepflegt. Das gipfelte häufig in dem Urteil: Was die Masse mag, kann qualitativ nichts taugen. Hier haben spätestens aktuelle Phänomene wie »Harry Potter« für ein Umdenken gesorgt. Wobei schon Goethe, dessen *Werther* als einer der ersten deutschen Bestseller gilt, sich im Gespräch mit Eckermann ironisch gegen ein zu elitäres Literaturverständnis wandte: *»Wer aber nicht eine Million Leser erwartet, sollte keine Zeile schreiben.«*

KAPITEL 17

Schneidersitz und Rollenbild

Alles Gender, oder was?

Gender dies, Gender das. Der Begriff ist in aller Munde, und auch wenn die aktuellen Genderdebatten viele positive Denkanstöße bewirkt haben: Manchmal kann man ihn nicht mehr hören. Wenn die Aufforderung im Raum steht, einen Text »genderneutral« zu formulieren, und der Begriff Schneidersitz deswegen nicht mehr benutzt werden darf, befremdet das. Klar, er/sie/es könnte auch schreiben: »mit überkreuzten Beinen dasitzen, mit untergeschlagenen Beinen«. Aber ist es nicht schön, eine sprachliche Vielfalt zu haben? Und dass mit dem Streichen des Schneidersitzes die Herkunft und die Geschichte des Wortes verloren geht: Darüber spricht niemand. Ist dem Leser vielleicht wurst, verarmt aber die Sprache, das Denken, das mögliche Wissen. Schneider saßen früher auf Tischen, mit überkreuzten Beinen.

Es kann auch kompliziert werden: Wenn sich die Bürgermeister eines Landkreises treffen, könnte es ein »BürgerInnenmeisterInnentreffen« sein. Nicht ganz einfach. Lange Wörter laden nicht zum Lesen ein, schon gar nicht jüngere Leser.

Wenn allerdings eine junge Frau erzählt, dass sie als Jugendliche gar nicht auf die Idee gekommen sei, bei der Berufswahl in Richtung Medizinstudium zu gehen oder irgendeinen hohen Posten in einem Dax-Unternehmen anzustreben, weil in ihrem Umfeld immer nur von Ärzten oder Chefs gesprochen wurde und nie auch mal von Ärztinnen oder Chefinnen: Das macht schon nachdenklich.

Denn Sprache beeinflusst das Denken und das Denken das Handeln. Und Lektüre ist in Schrift gegossene Sprache. Folglich ist es wichtig, dass Kindern ein breites, buntes Angebot an Büchern zur Verfügung steht. Rollenbilder können selbstverständlich verschoben werden. Eine reine Umkehrung der Geschlechterrollen ist aber meistens langweilig, und wenn Autoren die ganze Bandbreite in einem einzigen Buch aufzeigen, wirkt es fast immer furchtbar bemüht. Wenn trotz aller Sensibilisierung Figuren zur Schablone von Botschaften werden, sind sie automatisch reduziert und werden so zu schlechten Botschaftern der Idee.

Aber wenn die Lektüre das Denken beeinflusst und ein Puzzleteilchen bei der Herausbildung des sozialen Geschlechts der Leser bildet, dann heißt es sensibel sein, nur bitte nicht fanatisch! Besonders knifflige Stellen können beim Übersetzen von Texten entstehen. Unser Mann im Mond wird es in Frankreich beispielsweise schwer haben, weil dort der Mond – la lune – weiblich ist.

Im Englischen gibt es keinen geschlechtszuordnenden Artikel; alles ist »the« und jedes Tier ist erst einmal Neutrum, »it«. Dementsprechend einfach könnte die Autorin bei allen Tieren dann von »sie« schreiben – wie im Deutschen bei »Mädchen«: *Das Mädchen nimmt ihre Kleider. Sie geht nach Hause*. Alte Schule ist das nicht – grammatikalisch korrekt müsste es ja *Das Mädchen nimmt seine Kleider. Es geht nach Hause* heißen. Inzwischen nimmt man das nicht mehr so genau, das Mädchen und »sie« sind häufiger anzutreffen.

Die Welt in Blau und Rosa

An der Supermarktkasse stehen sie schön aufgereiht: die Überraschungseier in Rosa und die »normalen«. Das deutliche Signal an Jungs: Finger weg! In den Eiern für Mädchen versteckte sich im Frühjahr 2019 zum Beispiel die Sonderserie »Barbies Traumberufe«. Um nicht vollends im Geschlechterklischee zu versinken, waren neben Tierärztin und DJane auch eine Wissenschaftlerin und eine Fußballerin dabei. Aber die Grundfrage bleibt bestehen: Müssen Spielwaren nach Geschlechtern getrennt werden? Aus ökonomischen Gründen offenbar schon.

Zum Beispiel der deutsche Spielzeughersteller Schleich und seine berühmten handbemalten Tierfiguren aus Hartgummi, mit Produktions- und Vertriebsstandorten weltweit: Im Rahmen eines umfangreichen Innovationsprozesses hat sich am »Point of Sale« einiges verändert. In der Mitte der Verkaufsregale befinden sich seit Kurzem die Unisex-Figuren und Accessoires für die Kleinsten. Nach links wird das Angebot immer weiblicher und älter, nach rechts immer männlicher und älter. Schleich geht es entgegen neuen gesellschaftlichen Trends um Geschlechtertrennung: *»Welcher Junge will schon neben einer Elfe gesehen werden?«*, begründet die Firma die markantere Differenzierung ihrer Kundschaft. Diese Differenzierung im Regal trägt Schleich auch in andere Medien weiter. In Kooperation mit dem Verlag Ameet etwa erscheinen Bücher für Kinder ab acht Jahren, u. a. die Reihe »Horse Club« mit traditionellem Storytelling rund um Schleich-

Spielsachen: Abenteuer- und teils Detektivgeschichten, in denen die vier Horse-Club-Freundinnen und ihre Pferde tragende Rollen spielen. Ganz klar: Jungs werden hier nicht erwartet.

Wird mit Jungsbüchern nur für Jungen und Mädchenbüchern für Mädchen mit dem Lesen alles gut? Oder wird es dann erst so richtig schlecht? Expertenmeinungen gibt es für die eine wie für die andere Position. Aber da ist ja auch noch der Alltag.

Wenn Mädchen sich auf Kostümfesten oder an Fastnacht eine Verkleidung aussuchen (dürfen), dann entscheiden sie sich oft für eine weiche, feminine Rolle. Auch gern mal in Tüll und Rosa als Prinzessin. Zum Glück hat Eisprinzessin Elsa mit ihrer blauen Robe etwas zur Farbvielfalt beigetragen. Jungen spielen die starken Superhelden in eher martialischen Kostümen. Ideen bekommen die Kinder durch Film, Fernsehen und eben auch Bücher. Und genauso wie Kinder für das Begreifen der Wirklichkeit im Grundschulalter klare Einteilungen in Richtig und Falsch oder Gut und Böse wollen, haben sie es in dem Alter auch meistens gerne eindeutig, wenn es um die Geschlechterrolle geht. Erst nach dem zehnten Geburtstag beginnt für gewöhnlich eine kritische Auseinandersetzung darüber, was es mit dem Mädchen- und Jungensein auf sich hat.

Diese Phase gilt es zu akzeptieren. Eine geschlechterneutrale Erziehung ist nicht zielführend, eine eindimensionale ebenso wenig. Wenn ein Kind intensiv eine *Star Wars*-Phase oder magische *Zauber-Schule*-Phase durchlebt, dann ist das so. Es darf sich ruhig daran abarbeiten. Wenn von Opa, Oma, Tante, Onkel oder den Eltern ein Buch ausgesucht wird, sollte die Auswahl ein wenig bewusster ausfallen. Dann sollte nicht *»Einmal Rosa, bitte!«* als Beratungsaufforderung durch den Buchladen schallen, also nicht das Geschlecht des Kindes im Vordergrund stehen, sondern seine Interessen. Denn nicht jedes Buch mit rosa Umschlag ist automatisch das Beste für das Mädchen. Oder das mit blauem Umschlag für den Jungen.

Wenn Kinder Vorstellungen entsprechen sollen

Und was die Prinzessinnen, feengleichen Geschöpfe, Ballerinas, starken Kerle usw. betrifft: Nicht die Prinzessin ist das Problem, sondern das damit verbundene Klischee.

Ein Grund übrigens, warum Mädchen so gerne Prinzessin wären, ist, weil die Heldinnen in den Büchern oft um ihrer selbst willen geliebt werden – einfach weil sie Prinzessin sind. Sie müssen erst einmal nichts Besonderes können oder leisten. Da lohnt es sich, einen Moment innezuhalten, an die eigene Nase zu fassen und zu überlegen, wie wir unseren Kindern begegnen, mit welchen Wünschen und Erwartungen. Die gehören womöglich zurückgeschraubt und der Alltag für sich und das Kind ein wenig geöffnet. Bücher sind Angebote zum Denken. Unterschiedliche Eindrücke fördern unterschiedliche Denkmuster. Und unterschiedliche Bücher, mal rosa, mal blau und vor allem ganz oft bunt, können dabei unterstützen.

Diese sichtbaren Trennungen finden sich auch in manchen Lesereihen für Grundschüler wieder. Da wimmelt es von Prinzessinnen und Einhörnern, Mädchen wünschen sich ein Haustier, und sie sind auf der Suche nach besten Freundinnen. Jungs dagegen erleben Aben-

teuer mit Superman und Batman, sind Detektiv oder lernen, wie Flughäfen und die Polizei funktionieren. Dem gegenüber stehen jedoch auch Bücher, die sich bewusst mit Rollenbildern auseinandersetzen, diese Rollen persiflieren oder sich ganz selbstverständlich über Geschlechtergrenzen hinwegsetzen. Das meint mehr, als Mädchen in Jungsrollen zu stecken (von der abenteuerlustigen Piratin bis zur blitzgescheiten Detektivin), nämlich die Figuren unabhängig von ihrem Geschlecht als eigenständige Persönlichkeiten zu zeichnen.

Im Bereich Fantasy finden sich in den vergangenen zehn Jahren zunehmend Erzählstoffe, in denen Mädchen als Symbole des Widerstands und der Hoffnung für eine bessere Welt in Szene gesetzt werden. Die rebellieren dabei nicht nur gegen bestehende gesellschaftliche Traditionen, sondern gegen Strukturen, die den Möglichkeiten für ein selbstbestimmtes Leben entgegenstehen – siehe »Fridays for Future«.

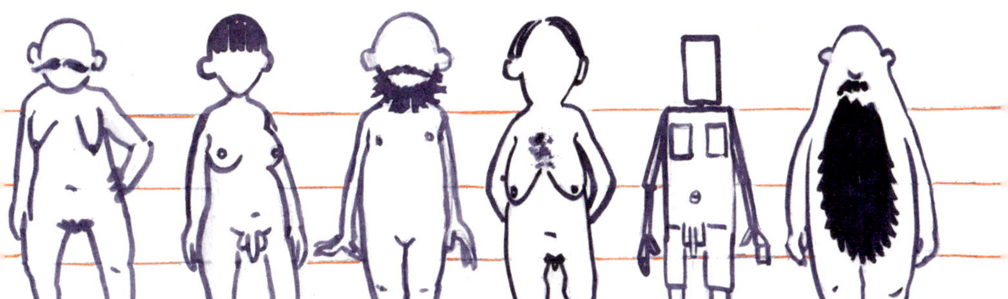

Diversity-Aktivisten vergeben Gütesiegel KIMI

Wo findet man konkret aktuelle Buchempfehlungen, die umfassend auf Diversität achten? Die wohl beste Adresse zurzeit ist KIMBUK, das Kinderbuch-Festival. Dabei handelt es sich um eine Initiative verschiedener Berliner Diversity-Aktivisten, die sich alle schon länger und in sehr unterschiedlicher Weise mit vielfältigen Kinderbüchern befassen. Dazu gehören u. a. der Verein »Viel und Mehr e.V.« und die »Fachstelle Kinderwelten für vorurteilsbewusste Erziehung Berlin«. Gemeinsam mit weiteren Initiatoren haben sie das Kinderbuchsiegel KIMI entwickelt. Einmal im Jahr zeichnet die KIMI-Jury Novitäten aus, die ihren Kriterien (bunt, fröhlich, realistisch, fantasievoll, beiläufig vielfältig, ohne Klischees, ohne Zuschreibungen) entsprechen. Bei den beiden Namen handelt es sich übrigens nicht um Abkürzungen, sondern um Kunstwörter, von den Erfindern nach den bewährten Kriterien ausgedacht: fantasievoll, wohlklingend und genderneutral. Sie sollen vielleicht eines Tages Synonyme für Vielfalt im Kinderbuch werden.

»KINDER BRAUCHEN AUSWAHL«

Interview mit den Autoren des Ratgebers *Die Rosa-Hellblau-Falle*, ALMUT SCHNERRING und SASCHA VERLAN

Wie wichtig sind Vorbilder in der Kinderliteratur in Bezug auf Geschlechterrollen?

Bücher und Geschichten sind für Kinder wunderbar, um nachzuvollziehen und zu verarbeiten, was sie selbst gerade erleben. Und was sie selbst lesen oder vorgelesen bekommen, hat natürlich auch Einfluss auf ihr Weltbild; auf ihre Vorstellungen, wie die Erwachsenenwelt funktioniert, wie Männer und Frauen so sind. Ganz viele Kinder kommen aber in den meisten Geschichten gar nicht vor, weil sie die »falsche« Hautfarbe, Herkunft oder Religionszugehörigkeit haben, oder nur einen Elternteil, der sich um sie kümmert, oder weil sie eine Behinderung haben oder einfach nur andere Interessen und Wünsche, die nicht in die rosafarbene oder hellblaue Schublade des Buchhandels passen. Literatur kann ja noch viel mehr sein, nämlich ein Fantasieraum, in dem man mal Faultier sein darf oder eine Burgherrin aus dem 12. Jahrhundert oder ein außerirdisches Wesen. Literatur bietet die Möglichkeit, sich in andere Menschen hineinzuversetzen, nachzuempfinden, wie sie leben und warum sie tun, was sie tun. Diese Empathie ist auch im wirklichen Leben wichtig. Und wie im echten Leben ist es auch in der Literatur wichtig, dass Kinder möglichst vielfältige Identifikationsangebote bekommen und die ganze Bandbreite menschlichen Seins erfahren können.

Prinzessinnen hier, Astronauten dort: Wie klischeehaft und in Geschlechterstereotypen wird in der aktuellen Kinderliteratur denn erzählt?

Bis vor ein paar Jahren musste immer wieder *Pippi Langstrumpf* herhalten, ein Buch, das in den 1940ern entstand; als Beleg, wie viel sich doch getan habe in der Kinderliteratur. Inzwischen gibt es eine ganze Reihe klischeefreier Kinderbücher, aber es sind weit weniger, als man auf den ersten Blick glauben mag. Zu oft noch wird Kindern vermittelt, dass es

nur Männer gibt bei der Feuerwehr, dass Mütter alleine zuständig sind für den Haushalt – einen Beruf haben sie oft gar nicht –, und Väter kommen häufig gar nicht erst vor. Mädchen spielen oft die passive Nebenrolle, machen sich Sorgen um ihr Äußeres, kümmern sich um Tiere oder um ihre Freundinnen. Jungen dagegen stehen im Mittelpunkt, sind aktiv und mutig, sie erleben Abenteuerliches; alles, was mit Häuslichkeit zu tun hat, gilt als uninteressant für sie. Das prägt die Vorstellungswelten der Kinder und steht in starkem Gegensatz zum wirklichen Leben, wo es eine Bundeskanzlerin gibt, Männer, die als Erzieher arbeiten oder in der Pflege, die sich zu Hause um die Kinder kümmern, während die Mütter Karriere machen. Kinderliteratur bildet diese Vielfalt viel zu selten ab, und wenn doch, dann ist es oft sehr gewollt. Was fehlt, ist die Beiläufigkeit: Die Hauptfigur ist eine Astrophysikerin, na und?

Worauf sollten Buchkäufer achten, wenn sie nicht in die Rosa-Hellblau-Falle geraten wollen?

Jedes Produkt, das sich nicht an Kinder im Allgemeinen richtet, sondern mit einem extra pinken Cover »For girls only« oder laut »Für wilde Kerle« schreit, macht sich verdächtig, Klischees zu reproduzieren. Welche Abenteuergeschichten sollten nicht für Mädchen geeignet sein, und wie kommen wir dazu, Jungs von allem fernhalten zu wollen, worin es um

Freundschaft, Beziehung, Liebe geht. Als ob Jungs diese Themen nicht genauso interessieren würden. Und wenn nicht, wird es höchste Zeit, dass wir es ihnen vermitteln. Es gibt z. B. ein Jugendbuch, geschrieben von einem Autor und einer Autorin, eine Liebesgeschichte, erzählt aus zwei Perspektiven, Junge und Mädchen. Aber weil Liebe in der Logik des Verlages kein Thema für Jungen ist, wurde das Buch rosa gelabelt und als Mädchenbuch beworben.

Was können denn Eltern tun, wenn Mädchen automatisch zum rosa Cover greifen und Jungs zum actiongeladenen?

Zunächst muss man sich bewusst machen, dass Kinder dazugehören wollen, zu ihrer Gruppe. Im Kita-Alter beispielsweise spielt das Geschlecht eine ganz wichtige Rolle. Und wenn viele Mädchen zum pinken Buchcover greifen, demonstrieren sie damit Zugehörigkeit. Das hat nicht unbedingt mit dem individuellen Geschmack des Kindes zu tun, sondern mit Gruppendynamik, die von außen durch Werbung und spezifische Verlagsangebote verstärkt wird.

Und es spricht ja auch nichts dagegen, solange der Bücherschrank nicht einseitig Prinzessinnen- oder nur Abenteuergeschichten enthält. Um sich wirklich frei entscheiden zu können, und sei es auch nur im geschützten familiären Rahmen, brauchen Kinder Auswahl, dann können sie entdecken, was es noch alles gibt, was möglich ist. Und das gilt nicht nur für die Buchauswahl, das gilt für alle Lebensbereiche.

Die Journalistinnen Almut Schnerring und Sascha Verlan sind ein Autorenteam, schreiben Bücher, Artikel und Manuskripte, produzieren Radiofeatures, sind in der Erwachsenenbildung tätig und geben Seminare und Workshops. Sie leben mit ihren drei Kindern in Bonn. Sie haben das Buch *Die Rosa-Hellblau-Falle* geschrieben und 2014 den gleichnamigen Blog gestartet, 2016 den »Equal Care Day« initiiert und 2018 »klische*esc« gegründet, einen gemeinnützigen Verein zur Förderung von Wahlfreiheit jenseits limitierender Rollenklischees.

KAPITEL 18

Mehr voneinander erfahren

Wie Mehrsprachigkeit das Leben und das Lesen bereichert

Bereits seit einer Stunde hält der waschechte Berliner Stadtführer souverän die Balance zwischen Lässigkeit und Großspurigkeit, während er die Highlights der Hauptstadt anpreist: Er weiß, dass er sich stets auf den »Wow«-Reflex verlassen kann, wenn der Bus am Brandenburger Tor und anderen Sehenswürdigkeiten vorbeikurvt. Und er hat seine Zuhörer im Griff: diesmal Schüler aus Rüsselsheim, ein bisschen

Selfie-versessen und durchaus zu beeindrucken. Aber als er in Neukölln verkündet: »Hier wohnen Menschen aus mehr als 80 Nationen«, und statt des erwarteten »Oh!« nur Achselzucken und müdes Gekicher erntet, runzelt er irritiert die Stirn und lüpft die Sonnenbrille. Was der in seinem Hauptstadt-Stolz verunsicherte Guide nicht weiß: Unter den Einwohnern der Opel-Stadt am Main sind 123 Nationen vertreten.

Die kleine authentische Klassenfahrt-Episode illustriert, dass Deutschland nicht nur in den Metropolen vielerorts längst kosmopolitisch ist. Das gilt auch für Österreich und die Schweiz: In Österreich weist (wie in Deutschland auch) gut jede fünfte Person einen Migrationshintergrund auf, in der Schweiz mehr als ein Drittel. Und in Städten mit besonders hohem Migrationsanteil wie Rüsselsheim prägt Multikulturalität natürlich auch den Leseförderungs-Alltag.

Hinzu kommt: In einer globalisierten Welt ist der Stellenwert von Fremdsprachen enorm gewachsen. Sprachenlernen ist Trendthema, und zwar – ganz wichtig – nicht nur aus Karrieregründen. Die kulturelle Faszination insbesondere des Englischen und Amerikanischen hat dazu geführt, dass viele junge Erwachsene inzwischen neugierig aktuelle angloamerikanische Bestseller im Original lesen. Das hat seismografische Auswirkungen auf Jugendliche, zum Teil bis in die ersten Jahre der Mittelstufe hinein. So lesen auch Kinder mit noch vergleichsweise begrenzten Sprachkenntnissen »Harry Potter« oder zumindest »Gregs Tagebücher« auf Englisch. Nicht, weil sie es müssen, sondern weil sie es zumindest einigermaßen gut können. Und stolz darauf sind.

Begünstigt wird dieses Phänomen sicher auch durch schulische Austauschprogramme, Ferien-Sprachcamps oder Auslandsurlaube mit der Familie. Für heutige Jugendliche sind Fremdsprachenwelten viel alltäglicher und präsenter, als das in früheren Schülergenerationen der Fall war. Hier haben auch die neuen Medien einen wichtigen Einfluss: Schrieb man sich früher nach einem Unterstufen-Austausch mit seiner Partnerin noch zwei, drei halbherzig gekritzelte Postkarten (bis der Kontakt einschlief), wird heute mal rasch geskypt, schwirren Instagram-Botschaften ohne große Mühe hin und her und halten den Kontakt lebendig. Einfach auf Freizeitebene, ohne schulischen Druck.

Sprachen jenseits des Lehrplans sind genauso faszinierend

Apropos »schulischer Druck«: Den spüren viele Kinder mit und ohne Migrationshintergrund, wenn die Anforderungen an die Lesekompetenz von Schuljahr zu Schuljahr steigen. Viele Erzieher, Lehrkräfte, Bibliothekare und andere Multiplikatoren leisten vor Ort sehr engagierte und professionelle Arbeit, um den Kindern zu helfen und den Druck zu lindern. Dennoch betonen Experten: Schulische und außerschulische Leseförderung muss noch offensiver die Tatsache in den Fokus rücken, dass viele Kinder mehrsprachig aufwachsen und Deutsch die Zweitsprache ist. Die Gießener Professorin Swantje Ehlers analysiert in einem literaturdidaktischen Einführungswerk die Situation: Seit Jahren werde international eine schulische Benachteiligung von Schülern mit Migrationshintergrund festgestellt – und diese wiederum mit unzureichender Lesekompetenz in Verbindung gebracht. Das Lesen in der Zweitsprache Deutsch werde von vielen Faktoren beeinflusst; es geht nicht nur um Pädagogik, sondern auch um soziale Aspekte.

Eine facettenreiche Hilfestellung zum Thema »Mehrsprachige Leseförderung« haben die Sprachdidaktikerinnen Sabine Kutzelmann und Ute Massler* veröffentlicht. Ihr zentrales Anliegen: Mehrsprachigkeit der Lernenden nicht als Defizit zu sehen, sondern als Chance. In ihrem gleichnamigen Buch geht es um Elternfrühstück-Aktionen, bei denen in mehreren Sprachen vorgelesen wird. Um ebenso mitreißende wie motivierende Theater-Aktionen. Um Computerspiele.

Prominent vertreten sind natürlich Leseangebote, etwa mehrsprachige Bilderbuchprojekte. Besonders faszinierende Erfahrung: Wer auf Pädagogenseite fremden Sprachen Wertschätzung entgegenbringt, auch wenn sie nicht – wie Englisch oder Französisch – durch den Lehrplan geadelt sind, sorgt bei Kindern (und deren Eltern) für einen Motivationsschub rund um das Thema Leseerziehung.

Nicht nur die mehrsprachigen Kinder profitieren: So ein Literaturunterricht kann alle Beteiligten bereichern. Denn alle reflektieren – mal spielerisch, mal ausgesprochen ernsthaft – ihr Sprach- und Weltverständnis. Als bei einem pädagogischen Eltern-Kinder-Nachmittag einer fünften Klasse das Gespräch unvermittelt auf das Thema Sprachen kam, erzählte eine Mutter mit Migrationshintergrund schüchtern, als ob ihr das peinlich sei, dass sie fünf Sprachen spreche. Fasziniert wollten die anderen Eltern hören, welche Sprachen das seien – und weshalb sie so eine enorme Lernaufgabe auf sich genommen habe. Die Mutter erzählte erst zögernd, dann immer mitreißender ihre

im wahrsten Sinne des Wortes bewegte Lebensgeschichte mit vielen Ortswechseln und biografischen Umbrüchen. Die zuhörenden Eltern fühlten sich bereichert, folgten ihr staunend bei ihrer gedanklichen Reise über Tausende von Kilometern hinweg. Und drückten danach spontan ihren Respekt vor dieser großen Leistung aus. Der sich offensichtlich im Anschluss auf das Kind übertragen hat: In den Folgetagen meldete sich ihre Tochter im Unterricht viel häufiger, brachte sich ein ganzes Stück selbstbewusster ein.

Bei allem Enthusiasmus, den dieses Thema vermitteln kann: Für die betroffenen Kinder ist das Erschließen deutschsprachiger Lesewelten weiterhin harte Arbeit. Sie brauchen viel Unterstützung und Ermutigung. Leseförder-Impulse müssen besonders sensibel den Möglichkeiten der Kinder angepasst werden. Konkret: Der Schwerpunkt muss zunächst einmal auf der Wortebene liegen, bis eine gewisse grundlegende Leseflüssigkeit erreicht ist. Erst dann kann man inhaltlich ausgerichtete Lesestrategien trainieren.

WIE HEISST DAS NOCH MAL?

Wer mehr als eine Sprache spricht, bewegt sich in mehr als nur einer Welt, kennt mehr Geschichten, kann abwechslungsreicher scherzen und viel mehr Scherze verstehen. Wer mehr als eine Sprache spricht, erlebt mehr. So einfach ist das. Und so wunderbar. Mehrsprachigkeit ist nicht selten ein Problem, das ist eine Tatsache. Aber es gibt wenige Probleme, deren Lösung uns so stark weiterbringen kann.

Noch etwas dürfen wir nicht aus den Augen verlieren: Die sprachliche Vielfalt ist im 21. Jahrhundert selbstverständlicher geworden. Kinder empfinden selbst jene Sprachen, die sie nicht gut können, weniger als Schulstoff und mehr als Alltag. Je entspannter, gelassener, vorurteilsfreier wir der Sprachenvielfalt begegnen, desto schneller werden wir auch Lösungen für die Probleme finden, die diese Vielfalt immer noch mit sich bringt. Letztlich ist das Eintauchen in andere Sprachsysteme und kulturelle Welten eines der faszinierenden Abenteuer, die mit dem Lesen verbunden sind. Und nie zuvor hat die Kinder- und Jugendliteratur (jenseits der Schulbücher) dafür so viele geeignete Absprungmöglichkeiten bereitgestellt wie jetzt: mit zweisprachigen Titeln, mit Vokabelhilfen, mit multimedialen Zusatzinformationen. Es lohnt sich, auf Entdeckungsreise zu gehen.

Auch hier geht es – ums Geld

Der Einfluss von Bildungsferne und Bildungsnähe auf die sprachliche Entwicklung, den der Schriftsteller Nevfel Cumart feststellt, gilt im Übrigen ganz allgemein: Je höher der Bildungsabschluss, umso größer ist das Interesse an Büchern, in welcher Form auch immer. Und je häufiger die Kinder lesen, umso besser sind sie im statistischen Durchschnitt in der Schule. Das hat auch im 21. Jahrhundert immer noch mit der finanziellen Situation der Familien zu tun: Je höher das Einkommen, desto mehr Bücher werden gelesen.

Der mithin wichtigste Einflussfaktor auf die Bildungschancen eines Kindes, da sind sich alle diesbezüglichen Studien einig, ist das Elternhaus und ein früher Umgang mit Sprache, Büchern, Erzählen und Vorlesen. Das, was bei diesen Aktivitäten scheinbar ganz nebensächlich funktioniert, ist das Erlernen und Einüben von Wahrnehmung, Kommunikation, von Wortschatz, Fantasie und Empathie. Nur sind die Chancen nicht gleich verteilt. Auf drei Millionen Kinder und Jugendliche, die derzeit beim Lesen und Lesenlernen benachteiligt sind, kommt Simone Emig vom Institut für Lese- und Medienforschung der Stiftung Lesen. Jeder Zweite in der Altersgruppe von 16 bis 35 Jahren verfügt im eigenen Haushalt über maximal 25 Bücher, und Emig weist in *Lesen heute – heute noch lesen?** auf die Folgen hin: Diese Gruppe der aktuellen und künftigen Eltern wird aller Wahrscheinlichkeit nach ihren Kindern weniger Kinderbücher zur Verfügung stellen als leseaffine Eltern und weniger vorlesen (können). Die Spirale nach unten setzt sich mit jeder weniger lesefähigen Generation fort. 2017 gab es der Vorlesestudie 2017 zufolge in 57 Prozent der deutschen Haushalte mit Kindern bis zu drei Jahren nur noch maximal zehn Kinderbücher.

»LITERATUR ERMÖGLICHT WUNDERBARE INTERKULTURELLE BEGEGNUNGEN«

Interview mit dem Schriftsteller NEVFEL CUMART

» Für sein Engagement in der interkulturellen Leseförderung wurde er unter anderem mit dem Bundesverdienstkreuz ausgezeichnet: Seit vielen Jahren bereist Nevfel Cumart Schulen und Bibliotheken, um dort Lesefreude und Kreativität zu wecken. Insbesondere die Schreibwerkstätten des deutschen Schriftstellers türkischer Abstammung ermutigen nicht zuletzt Kinder und Jugendliche mit einem sogenannten »bildungsfernen« familiären Hintergrund bzw. mit Migrationshintergrund, sich produktiv mit Sprache, mit ihrer Umwelt – und mit sich selbst – zu beschäftigen.

Wie sehen Sie die jüngsten Erkenntnisse der Sprachpädagogik, nach denen man die Mehrsprachigkeit der Lernenden in der Schule nicht als Defizit sehen sollte, sondern als Chance?

Es ist enorm wichtig, dass dieser Aspekt stärker in den Vordergrund rückt, denn das Defizit-Denken hat leider bei Kindern und Jugendlichen oft ziemlich viel kaputt gemacht. Immer wieder erlebe ich in meinen Schreibwerkstätten, dass Kinder der Meinung sind: »Einen guten Text auf Deutsch schreiben – das kann ich doch sowieso nicht.« Hier muss man sensibel Selbstvertrauen aufbauen. Dann kann man sehr oft sehr positiv überrascht werden. Besonders verblüfft sind dann meistens die jungen Autoren selbst. Das sind sehr wichtige Erfolgserlebnisse für sie, die durchaus Langzeitwirkung haben können.

Sie engagieren sich seit vielen Jahren in der Leseförderung, gerade auch für Kinder mit Migrationshintergrund. Aus Ihrer Erfahrung heraus: Wie kann man diese Kinder ganz konkret beim Erwerb von Lesekompetenz unterstützen?

Leider können viele Familien mit Migrationshintergrund ihre Kinder nicht angemessen unterstützen. Auch wenn sie das sehr oft wirklich gerne tun würden, wie das bei meinen Eltern der Fall war: Sie waren praktisch Analphabeten. Umso wichtiger ist es, dass wir Schulen und Bibliotheken so ausstatten, dass Kinder mit Migrationshintergrund entsprechend gefördert werden können. Natürlich gibt es auch Ausnahmen. Erst kürzlich habe ich bei einer Lesung in der sechsten Klasse einer Augsburger Schule eine türkischstämmige Rechtsanwältin kennengelernt, die ihren Sohn sehr engagiert fördert. Aber das ist nicht die Regel. Das hat übrigens mit Folgendem zu tun: Tendenziell sind – und ich meine das ganz wertfrei – Menschen aus bildungsfernen Milieus bei der großen Einwanderungswelle nach Deutschland gekommen. Diese Milieus gibt es ja auch bei Deutschen. Es geht also weniger um Herkunftsländer oder Religion – es geht um soziale Milieus.

Sie haben selbst einen mehrsprachigen Hintergrund: Haben Sie das persönlich als Bereicherung oder als Bürde empfunden?

Ich sehe es als Bereicherung, aber auch als Hypothek. Denn ich habe für mich den Anspruch, dass ich in beiden Welten zu Hause bleiben möchte. Das wiederum bedeutet Arbeit und Engagement: Ich muss in beiden Sprachen und Kulturkreisen im Training bleiben. Mich informieren. Augen und Ohren offen halten.

Inwieweit kann Literatur interkulturelle Begegnung erleichtern?

Literatur ist ein wichtiger Weg hin zu interkulturellen Begegnungen. Diese Erfahrung mache ich immer wieder bei meinen Lesungen und Schreibwerkstätten: Kinder entdecken ein Gespür für eine andere Kultur. Entwickeln Respekt und Sensibilität. Diese bereichernden Erlebnisse sind es, die mich auch dazu bringen, weiterhin auf Achse zu sein und Lesungen zu halten.

Nach dem Studium der Turkologie, Arabistik, Iranistik und Islamwissenschaft in Bamberg ist Nevfel Cumart seit 1993 freiberuflich als Schriftsteller, Referent, Übersetzer (u. a. Werke von Yaşar Kemal) und Journalist tätig. Neben Lyrikbänden in Deutsch, Englisch und Türkisch hat er Erzählungen und zahlreiche Prosabeiträge, Aufsätze und literarische Essays veröffentlicht. Seit 1992 leitet er die Literaturredaktion des Bamberger Stadtmagazins *Fränkische Nacht* und ist freier Mitarbeiter im Feuilleton der *Nürnberger Nachrichten*. Für sein literarisches Werk erhielt Nefvel Cumart u. a. den Kulturpreis Bayern (2008).

»JEDE SPRACHE, DIE WIR SPRECHEN, GEHÖRT UNWEIGERLICH ZU UNS«

Interview mit PROF. DR. SANDRA NIEBUHR-SIEBERT,
Fachhochschule Clara Hoffbauer, Potsdam

Bereichert Mehrsprachigkeit das Lesen und Leben?

Mit jeder Sprache, die ein Mensch erwirbt, erweitert er seine Welt(en). Sprache ist die Trägerin unserer Vorstellungswelten. Egal, was wir uns vorstellen, wir können sie dank unserer durch Sprache gestalteten Vorstellungen immer mit uns tragen. Ob in Geschichten, Erzählungen, Büchern, Erinnerungen – sie machen unser Leben bunt und somit unfassbar reich.

Sprache ist aber nicht nur ein oder gar *das* Mittel, um Welt zu beschreiben, ist nicht reines Mittel zum Austausch von Informationen. In Sprache(n) fühlen, denken und erkennen wir. Mit Sprache handeln wir. Sprachen ermöglichen uns Nähe und das wunderbar beruhigende Gefühl, dazuzugehören. Mit Sprache können wir in Kulturkreise eintauchen oder auch von ihnen Abstand halten, sie also aus der Ferne reflektierend betrachten. Jede Sprache, die wir sprechen - wie gut, ist dabei oft egal -, gehört unweigerlich zu uns, sie konstituiert unsere Identität, macht uns also aus. Sprache kann zudem verzaubern, uns um den Finger wickeln. Lassen wir sie in der Poesie zu sich selbst kommen, dann können wir ihre Schönheit wahrnehmen, sie kosten, schmecken und fühlen.

Wie profitiert der Literaturunterricht von der Mehrsprachigkeit der Kinder?

Jede Sprache zeigt sich in ihrer eigenen Form, erzählt ihre eigenen Geschichten. Wenn im Literaturunterricht eher das Sprachspiel evoziert würde, statt dass mit Interpretationen und Sprachstrukturanalysen müde Gesichter erzeugt werden, dann könnte die Vielfalt der Sprachen im Unterricht gemeinsam entdeckt werden. Dann könnten Kinder und Jugendliche spüren, dass es um sie geht, um ihre individuellen Sprachkompetenzen, die oft nur wenig gewürdigt werden. Denn allzu häufig scheitern mehrsprachige Kinder am Vergleich mit einsprachigen. Diese Erfahrungen verletzen und entmutigen. Eine Liebe zu Sprachen entwickeln auf diese Weise – verständlicherweise – die wenigsten.

Warum sollten auch Kinder, die noch kein Deutsch sprechen, die Schule besuchen?

Zunächst hat jedes Kind ein Recht darauf, zur Schule zu gehen. Und deshalb sollte jedes Kind im schulpflichtigen Alter zur Schule gehen dürfen. Dass Kinder nicht zur Schule gehen sollten, um in Kindergärten ihre Deutschkenntnisse zu verbessern, halte ich für falsch und absurd. Sprachen lernen Kinder dort, wo sie gesprochen werden, zusammen mit und von Menschen, die sie mögen. Das können Eltern, aber auch Peers und Pädagogen sein. Lassen wir ältere Kinder in den Kitas, indem wir sie zurückstellen, lassen wir sie also nicht mit ihresgleichen spielen und lernen, erreichen wir genau das Gegenteil. Kinder fühlen sich als »Sitzenbleiber« und »Versager« gedemütigt und entmutigt.

Kinder haben ja sehr unterschiedliche Sprachbiografien. Wie kann unter solchen Voraussetzungen Sprachförderung gelingen?

Diese Frage stellt sich nur dann, wenn wir von homogenen Lerngruppen ausgehen, in denen alle etwa das Gleiche können und lernen sollen. Die

Frage könnte auch lauten: »Wie kann Unterricht in homogenen Lerngruppen interessant und abwechslungsreich gestaltet werden?«, oder etwas provokativer: »Können Kinder überhaupt noch voneinander lernen, wenn alle das Gleiche wissen und lernen sollen?« Entfallen diese Annahmen, kann der Lernraum für Vielfalt geöffnet werden.

Mit genügend Einfühlungsvermögen können Pädagogen und Schüler gemeinsam Lernräume ausloten und erkunden. Individuell Hilfestellungen geben, Motivationen und Neugier wachsen lassen. Echte, ehrliche, authentische Sprachanlässe schaffen, spannende Geschichten vorlesen oder erzählen ... Es gibt so vieles, was uns Sprachen lieben und deshalb lernen lässt. Und nicht jeder, jede kann und muss dasselbe Ziel verfolgen. «

Prof. Dr. Sandra Niebuhr-Siebert studierte Sprachheilpädagogik und Sprachwissenschaft in Rostock und Hannover; wissenschaftliche Mitarbeiterin in einem interdisziplinären, experimentell ausgerichteten Forschungsprojekt zum Thema »Mediengebrauch und Spracherwerb« an der Universität Magdeburg; Promotion 2006. Sie lehrte an der Universität Hannover, der HU zu Berlin und an der Universität Paderborn und sammelte in einer therapeutischen Praxis Berufserfahrung als Sprachheilpädagogin. Heute leitet sie den Studiengang »Sprachpädagogik und Erzählende Künste in Sozialer Arbeit« und ist Professorin für Sprachwissenschaft an der Fachhochschule Clara Hoffbauer in Potsdam.

LESETIPPS

- Leo Andersen: ***DAS BESTIARIUM DER VERSCHWUNDENEN TIERE***, Raum Italic, 64 S., ab 10 (Deutsch-Italienisch)
- Eloisa Guarracino, Daniela Spoto: ***CLOUDS/NUVOLE***, Raum Italic, 28 S., ab 8 (Italienisch-Englisch)
- Jidi (Yale Zu), Ageng: ***DER FREIE VOGEL FLIEGT*** (Bände 1–3), Chinabooks E. Wolf, 288 S., ab 12 (Deutsch-Chinesisch)
- Jidi (Yale Zu): ***WO DE LU - MEIN WEG***. Chinabooks E. Wolf, 120 S., ab 12 (Deutsch-Chinesisch)
- Halina Kirschner, Gerlinde Meyer, Nadine Prange, Katja Spitzer: ***THE (LITTTLE) BIG BOOK OF COLOURED ANIMALS***, Raum Italic, 112 S., ab 8 (Deutsch-Italienisch-Englisch)
- Jose Manuel Mateo, Javier Martinez Petrso: ***WEGGEHEN/ MIGRAR***, Edition Orient, 24 S., ab 8 (Deutsch-Spanisch)
- Samuel Castaño Mesa: ***DIE UHR MEINES GROSSVATERS – EL RELOJ DE MI ABUELO***, Baobab Books, 48 S., ab 8 (Deutsch-Spanisch)
- Ana Paula Ojeda, Juan Palomino: ***DER FEUERDIEB/LADRÓN DEL FUEGO***, Baobab Books, 32 S., ab 8 (Deutsch-Spanisch)
- Claudia Ott (Hg.): ***ERSTE ARABISCHE LESESTÜCKE***, dtv, 192 S., ab 10 (Deutsch-Arabisch)
  Luis M. Pescetti: ***HOPPLA NATASCHA***, SchauHoer Verlag, 120 S., ab 8 (Deutsch-Spanisch, Deutsch-Russisch, Deutsch-Polnisch)
- Anne Richter, Mehrdad Zaeri: ***PRINZESSIN SHARIFA UND DER MUTIGE WALTER***, Baobab Books, 40 S., ab 8 (Deutsch-Arabisch)
- Tea Topuria, Sonia Eliaschwili: ***LAND UNTER ZOO***. Edition Orient, 40 S., ab 8 (Deutsch-Georgisch)

Tipps von Mariela Nagle, Beraterin für Kinderliteraturprojekte, Inhaberin der internationalen Kinderbuchhandlung Mundo Azul in Berlin

Die Hamburger Erklärung

2016 sind laut IGLU-Studie* 18,9 Prozent der Grundschüler mit unzureichenden Lesekompetenzen in weiterführende Schulen gewechselt. Dass diese 18,9 Prozent die kommenden Erwachsenen sein werden, daraufhin hat die Schriftstellerin Kirsten Boie hingewiesen: *»Neben den Folgen, die eine fehlende Lesefähigkeit für jeden Einzelnen von ihnen haben wird, sind auch die Folgen für die Gesellschaft insgesamt erschreckend. Ohne die Möglichkeit, einen qualifizierten Beruf zu erlernen, werden die meisten dieser Menschen vermutlich jahrzehntelang auf staatliche Unterstützung angewiesen sein.«* Umso wichtiger sei es, dass jetzt unverzüglich in die Bildungspolitik investiert werde. In ihrer »Hamburger Erklärung« fordert Boie Politiker und Bildungsminister aller Bundesländer sowie die Bundesbildungsministerin und die Kultusministerkonferenz auf, jetzt zu handeln: *»Unverbindliche Absichtserklärungen reichen nicht mehr aus. Deutsche Grundschulen müssen es schaffen, alle Kinder das Lesen zu lehren.«*

Kein Affe kann lesen

Neben den von Boie skizzierten volkswirtschaftlichen Folgekosten wies die Publizistin Susanne Gaschke im

Deutschlandfunk auf die sich vergrößernde Kluft zwischen Lesekompetenten und -inkompetenten hin: *»Die Lese- und Schreibkompetenz wird künftig den Unterschied machen. Denn jeder halbwegs interessierte Affe kann ein Smartphone bedienen. Aber kein Affe kann lesen. Schon in naher Zukunft werden wir einerseits jene Menschen haben, die sich noch konzentrieren, die urteilen, sich einfühlen und selbstständig denken können – und andererseits die, die sich mit Piktogrammen und Spracherkennungssoftware durch ihren gänzlich anti-intellektuellen Alltag schlagen.«**

Und wie lesen Kinder weiter?

Kinder lesen Bücher auf sehr vielfältige Weise. Und ebenso vielfältig ist das Angebot, um Kinder zum Lesen zu bringen – und ans Lesen zu fesseln. Sie einerseits zu bestärken, ihnen andererseits immer wieder neue Reize zu setzen, ungewöhnliche und herausfordernde Angebote zu machen und ihnen vor allem das Vertrauen zu geben, dass sie selbst den richtigen Lesestoff für sich finden, ist ein guter Weg. Selbst wenn die Leselust nachlässt, wenn Kinder älter werden und viele andere Dinge um ihre Aufmerksamkeit konkurrieren: Dann ist der Grundstock für den Nutzen von Büchern schon gelegt. Und die wertvolle Erfahrung verankert, dass Lesen Spaß macht.

BIBLIOGRAFIE

- Michael Becker-Mrotzek, Ingrid Böttcher: *Schreibkompetenz entwickeln und beurteilen.* Praxishandbuch für die Sekundarstufe I und II. 3. Auflage. Cornelsen 2011
- Kirsten Boie, Initiative »Jedes Kind muss lesen lernen«, www.change.org›jedes-kind-muss-lesen-lernen
- Börsenverein des Deutschen Buchhandels: Studie *Buchkäufer – Quo vadis?*
- Klaus Doderer: *Die umzäunte Phantasie. Anmerkungen zur Frage »Was ist Kinderliteratur?«*, in: *Helft den Büchern, helft den Kindern! Über Kinder und Literatur*, hrsg. von Peter Härtling, München 1985
- Swantje Ehlers: *Literaturdidaktik.* Eine Einführung. Reclam 2016
- Simone Emig: *Lesen heute – heute noch lesen? Zur Situation des Lesens und ihren Herausforderungen für Leseförderung, Alphabetisierung und Grundbildung*
- Carsten Gansel: *Moderne Kinder- und Jugendliteratur. Vorschläge für einen kompetenzorientierten Unterricht.* 4., überarbeitete Auflage. Cornelsen 2010
- Christine Garbe: *Mädchen lesen ander(e)s.* In: JULIT, Arbeitskreis für Jugendliteratur, Nr. 02/03
- Susanne Gaschke: *Lesen ist eine unverzichtbare Kulturtechnik*, Deutschlandfunk Kultur, 23. Juli 2017
- IGLU Studie (Internationale Grundschul-Lese-Untersuchung)
- Lutz Jäncke: *»Kinder müssen lernen Kontrolle zu behalten. Wie wirkt sich die zunehmend digitalisierte Gesellschaft grundsätzlich auf Kinder aus?«*, Interview im *Höchster Kreisblatt* vom 21. April 2018
- Sebastian Kaiser-Jovy, Anja Scheu, Klaus Greier: *Media use, sports activities, and motor fitness in childhood and adolescence.* Wiener klinische Wochenschrift, 2017, 129 (13 – 14), S. 464 – 471 (Studie mit 391 Jugendlichen von 10 – 14 Jahren in Tirol)
- KIM-Studie 2018 des Medienpädagogischen Forschungsverbunds Südwest
- Sabine Kutzelmann, Ute Massler (Hrsg.): *Mehrsprachige Leseförderung: Grundlagen und Konzepte*. Narr Verlag 2018
- Jana Mikota, Iris Wolf (Hrsg.): *Praxisbuch Leseförderung: Sekundarstufe I. Theoretische Reflexionen – Berichte aus der Praxis.* Debus Pädagogik 2014
- Katrin Müller-Walde: *Warum Jungen nicht mehr lesen und wie wir das ändern können.* Campus Verlag 2005
- Daniel Pennac: *Wie ein Roman. Von der Lust zu lesen.* Aus dem Französischen von Uli Aumüller. KiWi 2004
- Cornelia Rosebrock: *Lesesozialisation und Leseförderung.* In: Michael Kämper-van den Boogaart (Hrsg.): *Deutschdidaktik. Leitfaden für die Sekundarstufe I und II.* Cornelsen 2011. S. 163 – 183
- Cornelia Rosebrock, Daniel Nix: *Grundlagen der Lesedidaktik und der systematischen schulischen Leseförderung.* 5. Auflage. Schneider Verlag Hohengehren 2012
- Marie Schmidt: *»AAAAAUFSATZ«* in der *Süddeutschen Zeitung* vom 16. März 2019
- Kaspar H. Spinner: *»Handlungs- und produktionsorientierte Verfahren im Literaturunterricht«.* In: Michael Kämper-van den Boogaart (Hrsg.): *Deutschdidaktik. Leitfaden für die Sekundarstufe I und II.* 4. Auflage. Cornelsen 2011. S. 184 – 198
- Stavanger-Erklärung: *Internationale Studie zum Stellenwert des Lesens in einer digitalen Gesellschaft*
- Maryanne Wolf: *»Wir bekommen Twitter-Gehirne«*, Interview mit Maryanne Wolf in *NZZ Folio*, April 2019
- Dieselbe: *Schnelles Lesen, langsames Lesen. Warum wir das Bücherlesen nicht verlernen dürfen.* Penguin 2019

DER SENTER KREIS gründete sich spontan 2004 auf der Internationalen Jugendbuchmesse Bologna, als die schwierige Situation des Erzählenden Bilderbuchs thematisiert wurde. Als Reaktion darauf startete der Senter Kreis unter dem Titel *Mit Bilderbüchern wächst man besser* zur Frankfurter Buchmesse 2005 eine gemeinschaftliche Aktion mit der Arbeitsgemeinschaft von Jugendbuchverlagen avj, der Arbeitsgemeinschaft der österreichischen Kinder- und Jugendbuchverlage, *Börsenblatt*, *BuchMarkt* und der Stiftung Lesen. Es folgten Seminare für Buchhändler- und ErzieherInnen und 2009 das gleichnamige Buch *Mit Bilderbüchern wächst man besser* (Thienemann). 2015 folgte der Band *Leseglück. Wie lernt mein Kind lesen?* (Arena) zur Situation der Erstleser. *Wie Kinder Bücher lesen* (Carlsen) über das Leseverhalten der Acht- bis Zwölfjährigen ist das dritte Buch des Senter Kreises.

NICOLA BARDOLA studierte Germanistik, Romanistik und Philosophie in Zürich, Bern und München. Er arbeitete als Redakteur, Bibliotheks- und Verlagslektor und begründete die Reihe »Wegweiser durch die internationale Kinderliteratur« (Internationale Jugendbibliothek/ Stiftung Lesen), drehte Filme für »Focus Schule«, schrieb den Roman *Schlemm*, Biografien über John Lennon, Stephenie Meyer, Morton Rhue, Elena Ferrante u. a., Lektüreempfehlungen für Kinder und Jugendliche wie *Lies doch mal!* (cbj), *Utopien* (S. Fischer). Nicola Bardola ist zudem als Übersetzer tätig und schreibt regelmäßig über aktuelle Entwicklungen der Kinder- und Jugendliteratur in Tageszeitungen und Magazinen.

STEFAN HAUCK studierte Kinder- und Jugendliteratur, Neuere Deutsche Literatur, Kunstpädagogik und Theaterwissenschaften in Frankfurt am Main, war in der außerschulischen Jugendbildung, an einer gymnasialen Oberstufe und in Verlagen tätig. Er ist Fachredakteur beim *Börsenblatt für den Deutschen Buchhandel* und Juror (»Die besten 7 – Bücher für junge Leser« sowie Deutsch-Französischer Jugendliteraturpreis u. a.). Stefan Hauck hat einen Lehrauftrag für Literaturkritik an der Frankfurter Goethe-Universität.

MLADEN JANDRLIC studierte Germanistik, Hispanistik und Allgemeine Literaturwissenschaft in Zagreb und Münster. Er war Lektor und Lizenzmanager beim Nord-Süd Verlag. Seit 2006 arbeitet er als freier Lektor, Autorenberater und Literaturübersetzer. Er ist Dozent an der Schule für Angewandte Linguistik SAL in Zürich. Unter dem Pseudonym Karl Rühmann schreibt er Bücher und Hörspiele für Kinder und Erwachsene.

ALEXANDRA RAK studierte Kinder- und Jugendliteratur, Neuere Deutsche Literatur, Kunstpädagogik und Kulturanthropologie in Frankfurt am Main. Nach zehn Jahren als Lektorin im Oetinger Verlag in Hamburg arbeitet sie heute als freie Lektorin (u.a. »Die Bücher mit dem blauen Band« bei S. Fischer), sie ist Herausgeberin von Anthologien und übersetzt aus dem Englischen. Alexandra Rak coacht AutorInnen, begutachtet Manuskripte, hält Vorträge und Seminare zur Leseförderung und ist Jurorin beim Deutsch-Französischen Jugendliteraturpreis.

CHRISTOPH SCHÄFER studierte Germanistik, Theologie und Pädagogik in Mainz. Er war Mitarbeiter der *Mainzer Kirchenzeitung*, Pressereferent beim Börsenverein des Deutschen Buchhandels und viele Jahre Pressesprecher für Bildung, Politik und Forschung bei der Stiftung Lesen. Christoph Schäfer ist Studienrat und unterrichtet Deutsch und Religion an einem Gymnasium im Rhein-Main-Gebiet. Er führt Schreibwettbewerbe für Kinder durch, schreibt Beiträge und macht Podcasts für den Hessischen Rundfunk.

RALF SCHWEIKART studierte Kinder- und Jugendliteratur, Neuere Deutsche Literatur, Soziologie und Kulturanthropologie in Frankfurt am Main, war Programmverantwortlicher Lektor bei Rowohlt Rotfuchs und Chefredakteur des *Bulletin Jugend & Literatur* in Hamburg. Er arbeitet als Redakteur, schreibt über Trends auf dem Kinder- und Jugendbuchmarkt (u. a. im Blog »Ich lese was, was du nicht liest«) und ist Juror (lange Zeit beim Oldenburger Kinder- und Jugendbuchpreis, »Die besten 7 – Bücher für junge Leser« u. a.). Ralf Schweikart ist Vorsitzender des Arbeitskreises für Jugendliteratur.

Zum Senter Kreis gehören zudem Eva Kutter, Editor at Large bei S. Fischer Kinder- und Jugendbuch, und Susanna Wengeler, Chefredakteurin des *BuchMarkt*, die nicht Autoren des vorliegenden Bandes sind.

ILLUSTRATORIN

REGINA KEHN wurde 1962 in Hamburg geboren und studierte an der Fachhochschule für Gestaltung in Hamburg Illustration. Seit 1988 ist sie als freiberufliche Illustratorin für verschiedene Verlage und Zeitschriften tätig und wurde für ihre Arbeit mehrfach ausgezeichnet. Sie lebt mit ihrer Familie in Hamburg.